Widmung

Franz X. Bühler

Mehr... VOM KOPF INS HERZ

menani

Autor:	Franz X. Bühler
Lektorat:	Sara Bühler, Patrick Bühler
Bilder:	istockphoto.com:

jura13 (S. 5, 16), connect11 (S. 9, 130), inarik (S. 20), TanjalaGica (S. 28), Sirikornt (S. 50), Juliasv (S. 80), solarseven (S. 88), Catherine Lane (S. 94), IPGGutenbergUKLtd (S. 98), KristianSeptimiusKrogh (S. 102), kickers (S. 122), seksanwangjaisuk (S. 132), Vladimir1965 (S. 148), SteveChristensen (S. 158), wwing (S. 162), zoom-zoom (S. 166, 167), Ae11615 (S. 168), Rastan (S. 169), mycola (S.171), ValentynVolkov (S. 173), enter89 (S.174), Melpomenem (S. 175), golero (S. 176)

Weitere:

Prießnitz (S. 7, 36, 54, 58, 62, 68, 76, 116, 134, 140), Bühler (S. 11, 166), Thor (S. 167), Holz (S. 168), Rieger (S. 169), spieltalent & trendtalent GmbH, Eching (176)

Layout & Satz:	Applevillage Werbeagentur, D. Höfler, www.applevillage.de
Druck:	Hoehl-Druck, Printed in Germany

Band 2, 19. Auflage, ISBN 978-3-941633-11-7

menani GmbH
Eichbergstraße 13 • D-86935 Rott am Lech
Tel. +49 8869 911 83-0 • Fax +49 8869 911 83-18
info@menani.com • www.menani.com

I. Einstellungen, die dich weiterbringen

II. Das Leben besteht aus unzähligen Momenten

III. Angst als Bremse – Angst als Förderer

IV. Reichtum ist mehr als ein Wort

V. Begeisterung - Treibstoff der Zukunft - heute verfügbar

VI. Erkenntnisse - wahr und alltagstauglich

VII. Schlüsselerlebnisse?

VIII. Von 0 auf 100 – unterwegs zum Traumleben?

IX. Über das Anfangen und mehr – ja, fange an!

X. Wo Berge sich erheben

XI. Weisheiten großer Denker – verstehen und umsetzen

XII. Die fünf Rettungsanker der Menschheit

XIII. Verlagsprogramm

Franz X. Bühler

Er hat in einem ganz persönlichen Prozess vieles erlebt und lehrt nicht theoretisch, sondern aus der praktischen Erfahrung, dem Leben heraus. Eine seiner herausragenden Fähigkeiten ist es, komplexe Dinge einfach und leicht verständlich zu vermitteln. Seit über 30 Jahren gehört das aktive Studium des Lebens und dessen Gesetzesmässigkeiten zu seinen großen und faszinierenden Aufgaben. Es sieht sich als „lernender Lehrer" und nicht als Meister. Er ist überzeugt von der Weisheit jedes Einzelnen und sieht eine seiner Aufgaben darin, die schlafenden Fähigkeiten in jedem zu wecken, um selbst wach zu bleiben. Bekannt wurde Franz X. Bühler durch unzählige Einzelcoachings, in denen er vielen Menschen half, leicht, einfach und schnell Alltagsprobleme, selbst tief sitzender Natur, zu lösen. Großes Echo fanden auch die Lernstrategien-Trainings, die Mental- und Persönlichkeits-Trainer-Ausbildung VSMPT und seine neueste Entwicklung, der ACN-META-Prozess. Weitere Werke aus seiner Feder sind Bücher wie: „TEMPORAL – die Königssprache der Kommunikation", „Dreh den Schlüssel – aktiviere deine verborgenen Ressourcen", „Mein Dankbarkeitsbuch" und der Bestseller „Vom Kopf ins Herz", Band 1.

Vorwort

An Bühler: „Wie kannst du nur negierende oder negative Ausdrücke in einem so positiven Buch verwenden oder Themen wie die Angst und andere belastende Dinge darin behandeln? Das ist doch ein Widerspruch!"

Nun, erstens nützt es absolut nichts, wenn wir wegschauen und sogenannt „Negatives" ausblenden. Es ist trotz alledem noch da. Und Dingen, denen ich aus dem Weg gehe, begegne ich mit Sicherheit zu einem anderen Zeitpunkt wieder. Das Angehen und Lösen wurde also nicht umgangen, sondern lediglich aufgeschoben. Das ist reine Physik! Was mir aber noch viel wichtiger erscheint, ist die Tatsache, dass es nicht wirklich negative Dinge gibt. Alles was uns widerfährt ist ganz einfach nur ein Resultat – und dieses ist weder positiv, noch negativ. Es ist immer, für mich und jeden einzelnen Menschen, das, was wir daraus machen, wie wir es sehen. Wenn du nun trotzdem Ausdrücke wie positiv oder belastend und dergleichen mehr in diesem Buch findest, dann dienen diese dazu, die Sprache zu sprechen, die wir gewohnt sind. ☺ Die Vision für die Buchreihe „Vom Kopf ins Herz" war und ist es, Brücken zu schlagen. Die Brücke zwischen den Dingen, die wir mit unserem Verstand begreifen, es uns aber nicht immer gelingt, sie auch mit dem Herzen im Alltag zu leben. Anders gesagt: „Vom es wissen zum es leben."

Zweitens, rational starken Menschen ein Werkzeug in die Hände zu geben, welches ihnen ermöglicht, eine

Alltagsbrücke zu ihren Gefühlen und emotionalen Erkenntnissen zu finden. „Und – Bühler – lebst du das, was du da erzählst?"

Dazu folgende Antworten:
- Nein, es gelingt auch mir nicht immer und in jedem Moment.
- Ja, ich arbeite laufend bewusst daran, diese Erkenntnisse und Einstellungen ganz automatisch in mein Leben zu integrieren.
- Und – wann immer ich mich dabei ertappe, wieder ein mal nicht konsequent jede Zeile gelebt zu haben, dann verzeihe ich mir von Herzen und gebe mir schon im nächsten Augenblick eine weitere Chance, weil ich es mir wert bin.

Natürlich gibt es Dinge auf der Welt, von denen auch ich gelernt habe, dass nicht alles perfekt ist. Auch meine Maßstäbe wurden durch die Kultur und das Umfeld geprägt, in welchen ich aufwuchs. Und doch arbeite ich laufend daran, so wenig wie möglich zu urteilen oder gar zu verurteilen. Es kann nicht an mir liegen, den Stab über andere zu brechen. Das Universum, die Schöpfung ist auf seine Weise so genial und perfekt, dass es mich als Urteiler nicht braucht. Quantenphysikalisch nachvollziehbar unterliegen und agieren wir alle ein und demselben Grundmuster: „Der Resonanzregel oder praktischer, den Gesetzen von Ursache und Wirkung, von Säen und Ernten." Das bedeutet: „Jeder darf die Resultate seiner Saat selber nach Hause führen." In meinen Augen ist genau diese Physik das fairste „Gesetz" überhaupt!
Franz X. Bühler

Wie du dieses Buch lesen kannst

Also, eine Variante ist:

Verschlinge es von vorne bis hinten. Nimm die wirkungsvollen Ideen, Erfahrungen, Tipps, ja, zum Teil Jahrtausende alten Erkenntnisse, auf. Lasse sie tief einsinken und beobachte kritisch deren Wirkung und Tauglichkeit im Alltag. Oder lies es ganz einfach von vorne bis hinten durch, so wie du es meistens mit anderen Büchern tust.

Die zweite Möglichkeit:

Wann immer du hoffnungsvoll nach einem griffigen Tagesmotto suchst, schlägst du einfach eine Seite auf, denn: »Auch Zufälle können oft überraschend weiterhelfen.«

Die dritte Form:

Lies jeden Tag nur ein einziges Kapitel, sei offen und gespannt, was du entdeckst und freue dich erwartungsvoll auf den nächsten Tag – gerade so, als ob du heute Lotto gespielt und aufgeregt und nervös endlich deinen sicheren 6er erwartest. Nach den ersten paar Monaten kannst du es ein zweites und ein drittes Mal lesen. Wetten, dass du immer wieder Dinge entdeckst, welche dir vorher noch verborgen blieben?

Die vierte Version...

...ist die bibliomantische. Sie hat fast etwas Magisches an sich und ist wirklich nur für experimentierfreudige Menschen gedacht. Trotzdem interessiert?

So funktioniert es:
»Schließe deine Augen und stelle eine klare Frage, auf die du brennend eine Antwort suchst. Behalte diese Frage immer im Kopf, während du nun, immer noch mit geschlossenen Augen, das Buch zur Hand nimmst und erwartungsvoll darin zu blättern beginnst. Schlage es irgendwo auf, zeige mit deinem Finger auf einen x-beliebigen Punkt und öffne danach deine Augen. Welche Stelle hast du getroffen? Worauf zeigt dein Finger?«

Es kann sein, dass dir gerade diese besondere Stelle im Buch wertvolle Hinweise gibt, wie du in deiner Sache weiterkommst. Manchmal ist es der ganze Abschnitt, oft die ganze Seite.

Sei offen, neugierig, experimentierfreudig und lass dich überraschen! Außergewöhnliche Ideen können eine sprudelnde Quelle, einen Turbo in der Entwicklung eines Menschen bedeuten. Wer glaubt, schon alles zu wissen und dass es nichts Neues mehr zu entdecken gäbe, bleibt gefangen in seiner einschränkenden Sichtweise. Er steht ganz einfach still.

Leben ist wie eine Uhr, wir sind immer die selben und doch passen wir uns der Zeit - unserer - Zeit an. Wir gehen mit ihr...

Die Uhr bleibt immer dieselbe – und doch zeigt sie sich von Sekunde zu Sekunde von einer anderen Seite. Sie passt sich an, geht mit der Zeit und verändert laufend ihre Einstellung.

I.

Einstellungen, die dich weiterbringen

Höre nie auf zu lächeln…

„…selbst wenn du traurig bist, denn es könnte sich jemand in dein Lächeln verlieben." Natürlich darfst du auch traurig sein. Doch selbst Trauer wirkt mit einem inneren Lächeln weich und sanft und es hilft dir, in der Schwingung der Kraft und Zuversicht zu verbleiben, anstatt in die Rolle des Leidenden zu verfallen.

Lächeln, selbst ein inneres, zaubert einen Hauch von Wärme auf dein Antlitz. Ja, einen solchen Menschen möchte man umarmen, sich in ihn verlieben, ihn gern haben! Wusstest du, dass Menschen die viel und oft lächeln, die schönsten Falten haben, die es gibt? Die kannst du dir mit keiner Schönheitsoperation kaufen… ☺

Darum: „Hast du heute schon gelächelt? Was, wenn du daran denkst, lässt den Zauber eines Lächelns über dein Gesicht huschen? Worüber hast du die letzte Woche lächeln können? Worüber letzten Monat; dieses Jahr? Worüber und in welchen Situationen deines ganzen Lebens?"

Bitte lächeln! ☺

Ja, ich übernehme die Verantwortung

Manchmal, da fällt es uns leicht, die Verantwortung zu übernehmen. Das ist so. Doch wie steht es mit den Dingen, von denen du überzeugt bist, dass es nicht dein Fehler ist? Bist du da immer noch bereit oder schiebst du lieber die Schuld von dir? Weißt du was: „Das ist absolut menschlich!" Nur bringt es dich nicht weiter. Du übergibst die Macht über deine Gefühle anderen.

Willst du das? Ich nicht!

Als ich vor Jahren tief in der Tinte saß, hatte auch ich die Wahl, der Bank und der Wirtschaftslage die Schuld zuzuschieben. Gott sei Dank tat ich es nicht. Ich übernahm die volle Verantwortung. Nein, erbauend war dies im ersten Moment nicht, doch danach fühlte ich mich freier denn je! Ich gewann die absolute Freiheit, ab sofort alles in meiner Macht stehende zu tun, das Thema selber zu lösen.

In welchen Situationen hast du bis jetzt deine Macht abgegeben? Sag noch heute: „Ja, ich übernehme die volle Verantwortung in Sachen XYZ. Ich akzeptiere, dass es meine Entscheidungen waren, die mich hier hin führten. Ab jetzt freue ich mich, die Macht der Veränderung wie folgt zu übernehmen…"

Ich
liebe dich

Wahrlich drei Worte mit einer ungeheuren Kraft: „Ich liebe dich!" Und weißt du, was das Beste daran ist? Nein? Diese starken Worte sind nicht nur für die verliebten Momente des Lebens. Im Gegenteil! Denke und sage diese goldigen Powerworte so oft wie möglich. Hier sind ein paar verrückte Ideen. Schau in den Spiegel und sage herzlich: „Ich liebe dich!" Richte deinen Blick auf die wundervolle Natur und sage: „Ich liebe dich!" Betrachte deinen Job und sage: „Ich liebe dich!" Beobachte deine Mitmenschen und denke: „Ich liebe euch für euer So-sein!"
Schau in die Augen deines Partners und sage: „Ich liebe dich!" Schau in die Augen deines Kindes, umarme es und sage: „Ich hab dich lieb!" Hat es eine körperliche Behinderung, dann sage: „Ich liebe und akzeptiere dich - so wie du bist!" Auch ohne dich persönlich zu kennen sage ich von ganzem Herzen: „Ja, ich liebe dich. Ich liebe dich dafür, dass du dir die Chance gibst, dich weiter zu entwickeln. Ich liebe dich ganz einfach dafür, dass du ein Mensch bist. Schön, dass es dich gibt."

Keiner verdient deine Tränen

„…und wer sie wirklich verdient, wird dich sicher nicht zum Weinen bringen!" Diesen Satz bekam ich in einem wunderschönen Email zugesandt. Ist er wahr? Können uns nicht auch Menschen, die wir lieben, zum Weinen bringen? Wäre er ausnahmslos wahr, würde ich meine Frau Tilli nicht lieben. Auch ich habe ihr schon seelische Schmerzen zugefügt. Da ich sie jedoch sehr liebe, frage ich mich, welcher Teil in mir ihr so etwas antun konnte? Heute glaube ich, dass es ein unbewusster Teil war, der selber Liebe, Aufmerksamkeit und Energie suchte und in diesem Moment nur den gewöhnungsbedürftigen Weg der Schmerzen als Ausweg erkannte.

Im Nachhinein habe ich mich natürlich für mein Verhalten entschuldigt und sie gewährte mir in ihrer Liebe weitere Chancen…

Ich möchte diesen Satz also gerne ergänzen: „Keiner verdient deine Tränen – und wer sie wirklich verdient, wird dich sicher nicht zum Weinen bringen. Geschieht es doch, dann schenke ihm in deiner Liebe die Chance, damit die Tränen des Schmerzes zu Tränen des Glücks, der Freude und zu strahlenden Augen des Verzeihens werden."

Weine nicht,
weil es vorbei ist...

„...lache, weil es überhaupt passiert ist". Ja, darin sind wir wahre Weltmeister. Wir können Jahre und Jahrzehnte mit einem lieben Menschen zusammen sein. Erleben die schönsten und tollsten Dinge zusammen. Lieben, zanken und versöhnen uns wieder. Und dann kommt der Tag, an dem alles vorbei ist. Und was tun wir? Wir beklagen uns, dass es vorbei ist und wir allein sind. Suhlen uns im Schmerz der Trennung, bedauern unser Schicksal und sehen das Leben nur noch durch eine graue Brille.

Vielleicht trifft dies auf dich nicht zu. Doch bei näherem Hinsehen finden sich wahrscheinlich auch in deinem Leben solche Situationen. Es ist nicht immer eine Partnerschaft. Es kann ein Job sein, der dich begeisterte. Ein Konzert, das du erfolgreich bestritten hast. Ferien, die zu Ende gehen, ein tolles Fest, ein Seminar, ein Musikstück, das dich ganz besonders bewegte...
Darum: „Weine nicht, weil es vorbei ist – lache, weil es überhaupt passiert ist! Lenke deine Aufmerksamkeit auf all die Dinge, die dich erfreuten, an die du dich noch lange und gerne erinnerst – und sei dankbar dafür!"

Die Vergangenheit beeinflusst nicht meine Zukunft

(Leitsatz aus der TimeLine.Ausbildung)

Als ich diesen Satz erstmals in einem Seminar hörte, dachte ich aufgrund meiner Quantenphysik-Kenntnisse: „Na warte mal. Da bin ich aber gespannt, wie du mir das verkaufen willst. Du wirst einige Argumente brauchen… doch warten wir es ab."

Und – oh Wunder, heute bin ich selber ein absoluter Verfechter dieses Satzes. Warum? Die Schlüssel-Feststellung ist die, dass unsere Gefühle immer nur davon abhängig sind, wie wir vergangene Ereignisse „heute sehen" und nicht, wie wir sie seinerzeit speicherten! Dies bedeutet: „Hadere mit deiner Vergangenheit und du fühlst dich auch heute noch schlecht. Arbeite mental daran, verzeihe, harmonisiere sie und du kannst mit einem liebevollen, weisen Lächeln auf alle, noch so harten, Erlebnisse zurückschauen!" (Dies und vieles mehr kann Aufgabe von Mental-Coachings sein…)

Denn dein Leben im Hier und Jetzt ist ein Spiegel deiner Speicherinhalte, deiner Resonanzen! Ändere die alten und aktuellen Resonanzen und du veränderst dein ganzes Leben. Ja, es ist wirklich wahr: „Es ist nie zu spät, eine glückliche Vergangenheit gehabt zu haben!"

Was wäre, wenn...

„Was wäre, wenn alles was dir widerfährt, ganz einfach gelernt wäre?" Mit „gelernt" meine ich nicht nur das Schulwissen und andere Bildungen, sondern jedes Abspeichern von Informationen durch dein Gehirn! Beobachten, zuhören und fühlen gehören genauso dazu.

Eine kleine Geschichte, die andere betrifft? „Du lernst jemanden kennen und bist ganz begeistert! Jetzt kommt ein guter Freund und erzählt dir haarsträubende Dinge über diesen Menschen. Seit du dies gehört hast, haben sich deine Gefühle total verändert und du bist froh, wenn du dieser Person nicht begegnest?"

Was ist geschehen? Dein Gehirn hatte ein bestimmtes Bild. Aufgrund weiterer Informationen hat es „umgelernt" und sich ein neues Bild mit neuem Gefühl kreiert. Das ist alles!

Frage: „Welche Dinge im Leben kosten dich immer wieder Energie? Wo kommen ärgerliche Gefühle auf, wenn du daran denkst? Was hättest du lieber nie erfahren oder erlebt? ...Und wie gefallen dir die Gefühle beim Durchlesen obiger Liste? Schlecht?" Dann habe ich eine gute Nachricht: „Du kannst umlernen!" Wie? „Verändere deine Sichtweise! Entdecke das Positive daran!"

Aufgehoben für einen ganz speziellen Moment

Das Päckchen wog schwer in seiner Hand. Eine rosa Schleife umschlang es sanft und genau so, wie er es seinerzeit für seine liebe Frau gekauft und zur Seite gelegt hatte. Oft nahm er es zur Hand – und legte es wieder weg. Aufgehoben für einen außergewöhnlichen und ganz speziellen Moment! Darin verborgen zarte, weiße Seidenwäsche, die ihren lieblichen Körper umschmeicheln sollte. Und nun war er da, der Moment, doch anders, als er es sich vorgestellt hatte. Er stand an ihrem Grab. Eine heimtückische Krankheit hatte ihrem noch jungen Leben in kürzester Zeit ein schmerzhaftes Ende bereitet…
Eine Geschichte, die uns zu Tränen rührt und nachdenklich stimmen lässt.

Darum: „Welche Dinge schiebst du immer und wieder hinaus, weil der Moment noch nicht stimmt? Was wolltest du schon lange einmal jemandem sagen, doch die Gelegenheit schien dir zu ungünstig?" Schiebe es nicht hinaus. Auch nicht für den ganz speziellen, noch besser passenden Augenblick! Es könnte zu spät sein…

Was wäre, wenn wir das Richtige statt der Fehler suchten?

Als erstes kämen unsere lieben Lehrerinnen und Lehrer ganz schön ins Schwitzen. Stell' dir vor, sie müssten ab sofort nur noch markieren, was richtig ist. Blau statt rot… Das gäbe doch echt farbenprächtige Prüfungen. Zugegeben, der Aufwand wäre um einiges größer, doch der persönliche und der volkswirtschaftliche Nutzen absolut unübertreffbar. Warum? Was meinst du: „Was geschieht mit deinem Selbstwertgefühl und -vertrauen, wenn du siehst, dass 95% deiner Arbeit super und korrekt ist?" Richtig, das gibt Power, Vertrauen und ein gesteigertes Wertgefühl! Und Menschen voller Selbstwert, voller Vertrauen in sich und ihre Fähigkeiten, mit gefestigter Selbstakzeptanz und -liebe, ja, solche Menschen sind – und das kann dir jeder Arzt bestätigen – sie sind widerstandsfähiger. Sie vermögen mehr zu leisten ohne auszubrennen, gehen selbstbewusst ihren Weg und verwirklichen sich eher als gebeutelte, unterdrückte Duckmäuser! Ich kann mir sogar vorstellen, dass dieser kleine Unterschied, zu Schulzeiten eingeführt, einen enormen Beitrag zu Frieden und Harmonie auf unserem Planeten leisten würde. Ich lade dich ein: „Achte heute bewusst auf alles, was du und andere richtig machen!" Ich bin gespannt, wie du dich am Abend fühlst…

Der Kredit

Stell dir vor, da ist eine Bank, die errichtet dir gratis ein Konto. Jeden Tag stellt sie dir einen zinsfreien Kredit von 86.400 Euro zur Verfügung. Damit kannst du tun und lassen, was du willst. Allerdings gibt es zwei Regeln, die absolut bindend sind:

1. Was du heute nicht verbrauchst, wird um Mitternacht auf 0 gesetzt. Du kannst also keinen Restsaldo mit in den neuen Tag nehmen.

2. Die Bank kann jederzeit und ohne Voransage dein Konto kündigen und das Spiel ist beendet.

Schön wär's, wenn es so etwas tatsächlich gäbe? Bevor ich dir die Adresse dieser Bank verrate, möchte ich von dir noch wissen: „Was machst du mit diesen 86.400 Euros – jeden Tag?"

Ja, es gibt sie tatsächlich, diese magische Bank. Sie heißt: „Die Zeit." Jeden Tag schenkt sie dir 86.400 Sekunden zur absolut freien Verfügung. Was du heute nicht nutzt, ist weg. Das Konto kann jederzeit gekündigt und aufgelöst werden – und du weißt nicht, wann dies sein wird. Und jetzt nochmals die Frage: „Was machst du ab heute mit diesen 86.400 Bucks?"

Ein wahrer Freund

Auweia, das wird ein Glatteis-Kapitel! Was sind denn wahre Freunde? Menschen, die zu dir stehen, wenn es dir dreckig geht? Die sich mit dir freuen, selbst wenn es dir besser ergeht als Ihnen? Die für dich da sind, wenn du mal krank bist? Mit denen du jedes Jahr die Ferien verbringst, selbst wenn du wieder mal alleine fahren möchtest? Die für dich durch dick und dünn gehen? Mit dir weinen und lachen? Denen du alles anvertrauen kannst und weißt, es bleibt bei ihnen? Die immer liebevoll offen und ehrlich sind in allem? Die dich trösten und dir etwas vorspiegeln, was nicht ist, um dich nicht zu verletzen?

Oder sind es Menschen, die dir auch mal das Leben schwer machen und dich auf diese Weise nach Lösungen suchen lassen? Dich unter Druck setzen und damit zum Handeln zwingen, endlich etwas zur Verbesserung deiner Situation zu tun? Dir gnadenlos den Spiegel hinhalten, was dich erst schmerzt, dann aber weiter entwickelt? Die dich alleine lassen und weg sind, wenn du mal Probleme hast?

Was also sind wahre Freunde? Ich glaube: „Wahre Freunde sind ganz einfach Menschen!" Entscheide selber ...

Für die Welt bist du vielleicht niemand…

Doch sei versichert: „Für jemanden bist du die Welt!" Vielleicht für dein Kind, deine Kinder? Vielleicht für deinen/deine LebenspartnerIn. Vielleicht für dein Patenkind? Vielleicht für die Mitglieder deines Vereines? Vielleicht für deinen Chef, die Chefin?

Es ist doch klar, dass nicht alle Menschen so bekannt sein können wie eine Angela Merkel, Brigitte Bardot, Barack Obama oder Roger Federer, um nur einige zu nennen. Das brauchst du auch nicht. Doch gehe ich jede Wette ein: „In deinem Leben und Umfeld bist auch du für irgend einen Menschen seine Angela, die Brigitte, ihr Barack oder der Roger!"

Du bist wertvoll und einmalig, so wie du bist. Mit deinen Gaben und Fähigkeiten, mit deinen Stärken und förderungswürdigen Punkten. Entdecke tief in deinem Inneren, womit und für wen du „die Welt" bist und freue dich, dass es dich gibt! Und wenn du glaubst, für „Niemanden" die Welt zu sein, dann sei dieser „Niemand" und damit die Welt für dich! ☺

Es gibt immer jemanden, der dich kritisiert

Warum nur haben viele Menschen Mühe, mit Kritik um-
zugehen? Vielleicht liegt es am Ton? Vielleicht daran, wer
sie vorbringt? Ich meine, das ist egal, denn Kritik kann sehr
viel mehr sein! Was also ist Kritik? „Kritik sagt nur, dass ein
anderer Mensch gewisse Dinge anders sieht, eine andere
Sichtweise hat als du. Oder dass dieser Mensch etwas von
dir erwartete und es nicht genau so erhielt. Sorry, aber das
ist prinzipiell sein Problem. Punkt!" Das klingt ganz schön
stur, ich weiß. Ich will dir damit nur helfen, dass du Kritik
nicht als Angriff auf deine Persönlichkeit betrachtest, sondern erst mal ganz einfach cool bleiben kannst.
Und doch: „Kritik kann sehr viel mehr sein!" Ich habe
kritische Worte immer sehr ernst genommen und danke
auch heute noch allen Menschen, die jemals Dinge von
mir, oder mich, kritisiert haben. Sie waren und sind meine „Gratis-Botschafter und Entwicklungshelfer"! Was ich
dank ihnen in meiner Trainer-Schule, an meinem Schreib-
stil, an meinem Auftreten alles verbessern konnte, hätte
sehr viele, teure Seminare und Weiterbildungen benötigt.
Hier also noch einmal vielen herzlichen Dank an alle, die
es gut mit mir meinten und mich kritisierten!

Der verlorene Schlüssel

Es war Nacht. Eine Fußgängerin traf einen Mann, der auf dem Gehsteig im schwachen Schein der Strassenlaterne fieberhaft nach etwas suchte. „Was suchen Sie? Kann ich Ihnen helfen?", fragte sie. „Ich habe meinen Schlüssel verloren." Nun suchten beide sorgfältig die ganze Umgebung ab, doch der Schlüssel blieb verschwunden. Zehn Minuten später meinte die Frau: „Wo haben sie ihn denn genau verloren?" Der Mann antwortete: „Da drinnen, im Flur dieses Hauses." Erstaunt blickte sie ihn an und fragte: „Aber warum suchen Sie denn hier draußen, wenn sie ihn drinnen verloren haben?" Er erwiderte: „Weil es hier draussen hell ist und drinnen kein Licht!"

Vielleicht denkst du jetzt: „So ein Trottel. Der soll doch im Flur suchen, wo er ihn verloren hat." Doch ganz so ungewöhnlich ist dies nicht. Viele Menschen suchen die Antworten auf ihre brennenden Fragen im „Außen", weil sie es nicht gewohnt sind, in sich selbst zu suchen.

Worauf suchst du Antworten in deinem Leben? Das Rezept: „Setze dich auf einen Stuhl. Mach es dir bequem. Schließe die Augen. Stell' die ultimative Frage und dann sieh, höre und fühle in dich hinein. Du wirst staunen!"

Achte auf deine Gedanken

(Talmud)

„Achte auf deine Gedanken,
          denn sie werden Worte."

„Achte auf deine Worte,
          denn sie werden Handlungen."

„Achte auf deine Handlungen,
          denn sie werden Gewohnheiten."

„Achte auf deine Gewohnheiten,
          denn sie prägen deinen Charakter."

„Achte auf deinen Charakter,
          denn er wird dein Schicksal."

Eine einleuchtende Reihenfolge, oder? Faszinierend daran ist, sie lässt dich nachvollziehen, dass alles, selbst dein Schicksal, und damit ist dein Leben schlechthin gemeint, durch deine Gedanken geprägt wird! Beobachte einmal, höre dir selber ganz genau zu, wie du über Dinge redest. Tolerant? Verständnisvoll? Liebevoll? Wütend? Verurteilend? Ich weiß, das kann ganz schön hart sein, aber es ist wahr: „An deinen Worten erkennst du, wer du bist!"

Tue das,
wovor du Angst hast ...

„...und das Ende der Angst ist dir sicher." Einverstanden, ganz so leicht ist es nicht. Doch wie heisst es so schön in der Clausthaler-Werbung: „Nicht immer – aber immer öfter." Angst hat auch mit Unbekanntem zu tun. Doch unbekannt bleiben die Dinge nur so lange, wie wir sie verdrängen. Das ändert sich schlagartig, wenn du sie entschlossen anpackst. Denn anpacken heißt, in Lösungsschritten, in Lösungen zu denken. Du begibst dich damit automatisch auf die andere Seite des Themas und stehst nicht mehr vor einem unüberwindbaren Berg, deinem Berg der Angst!

Wie oft hast du danach schon gesagt: „Warum habe ich das nicht schon früher getan. Es war ja so leicht und einfach." Also: „Gib deinen Ängsten keine weiteren Chancen, dir deine Energie zu rauben. Packe sie entschlossen an."

Und sollte sich zeigen, dass du noch nicht alle Ressourcen und Fähigkeiten hast, dieses Thema selber zu lösen, dann denke daran: „Irgendwo auf der Welt gibt es Menschen, die dieses oder ein ähnliches Problem auch schön gelöst haben und dir helfen können." Dann frage diese um Rat. Das ist echte Stärke!

In einem Moment noch hier - im nächsten schon wieder fort.
Jeder Moment ist einmalig. Genieße ihn.

Im einen Moment noch hier, im nächsten schon an einem anderen Ort. Jeder Moment ist einmalig und von einer ganz besonderen Qualität. Erkenne und nutze deine Momente des Lebens und erfülle sie mit Qualität.

II.

Das Leben besteht aus unzähligen Momenten

Welche Qualität geben dir deine Momente,
welche Qualität gibst du ihnen?

Grabe den Brunnen, bevor du Durst hast

(chinesisches Sprichwort)

...ist ein wunderbares Sprichwort, das mit wenig Worten viel beschreibt. So alt es auch sein mag, es ist heute noch genauso wahr wie damals! Hier findest du ein paar „Update-Varianten": „Spare in der Zeit, so hast du in der Not. Pflege deine Gesundheit, bevor du krank wirst. Sammle Brennholz, bevor du am Erfrieren bist. Lerne eine Sprache, bevor du verliebt bist und sie brauchst. Lerne lieben, bevor du dich verliebst. Lerne klettern, bevor du vor einem hungrigen Löwen flüchten musst. Bilde dich weiter, bevor du arbeitslos bist und plötzlich einen Job brauchst. Friss dir Speck an, bevor der Winter kommt.

(nur für Murmeltiere und andere Bären...☺)

Erstelle dein persönliches Powerbuch, deine Power-CD, bevor du Energie brauchst. Führe einen Ordner oder ein Tagebuch als dein Schatzbuch „persönliche Gedanken", bevor du sie vermisst!"

Die Liste lässt sich noch um viele Variationen erweitern. Für mich war dieses chinesische Sprichwort Inspiration für die hier folgende Reihe der „Momente des Lebens". Genieße diese Seiten und, wer weiß, vielleicht wächst bei dir im stillen Kämmerlein, heimlich und still ein Goldschatz, dein Schatzbuch „persönliche Gedanken"!

Momente des Glücks

Du kannst das Glück nicht festhalten, jedoch die Erinnerung und das Gefühl daran. Wie oft hast du dich schon glücklich gefühlt und gehofft, es möge für immer so bleiben? Der Wunsch ist verständlich. Doch wer weiß, vielleicht würdest du Glück als Dauerzustand gar nicht vertragen?

Ich fordere dich auf: „Werde zur Sammlerin, zum Sammler glücklicher Momente!" Was habe ich heute erlebt, das mich glücklich machte? (Beim Aufstehen, unterwegs zur Arbeit, Menschen und Situationen, gut gelungene Arbeiten, Komplimente erhalten, Komplimente gemacht, liebevoll gekochtes Essen genossen, liebevoller Empfang zu Hause durch PartnerIn, Kinder usw.)

Wo und in welchen Situationen fühlte ich mich glücklich? (Beruf, Freizeit, Hobby, Ferien, Sex, Essen, Lesen, Schreiben usw.)

Welche Momente des Glücks durfte ich in meinem Leben schon verbuchen? (Erster Schultag, erstmals verliebt, erster Kuss, bestandene Prüfungen, Partnerschaft(en), eigene Kinder, Lottogewinn usw.)

Ich wünsche dir viel Glück und Glückseinträge in dein Schatzbuch „persönliche Gedanken".

Momente
der Liebe

Wie schön sie doch sind, die Momente, in denen du liebst, du fühlst, dass dich jemand liebt, oder ganz einfach liebevolle Gefühle für jemanden oder eine Sache verspürst! Momente, die am liebsten ewig andauern mögen…

Ob du es glaubst oder nicht: „Du kannst Liebe bewahren – und wenn du willst, auf Abruf aktivieren." Mache es mit der Liebe wie mit dem Glück: „Schreibe auch hier in deinem Schatzbuch „persönliche Gedanken" alles auf, was dir jemals ein Gefühl von Liebe schenkte!"

Frage dich: „Wer hat mir je in meinem Leben das Gefühl gegeben, geliebt zu sein? Wann und wo war das ganz genau? In welchen Momenten verspüre ich ein tiefes Gefühl der Liebe? Welche Pflanzen strahlen für mich die Liebe der Schöpfung aus? Welche Tiere strahlen die Liebe der Schöpfung aus? Was an mir, meinem Körper, meinen Wesenszügen liebe ich ganz besonders? Was an meinem Leben würde ich als ein Zeichen der Liebe beschreiben? Woran im Alltag kann ich jeden Tag den Ausdruck der Liebe erkennen?"

Ich wünsche dir, dass du in deinem Leben unzählige Augenblicke der Liebe erlebst und diese einen festen Platz in deinem Herzen und dem Schatzbuch „persönliche Gedanken" finden.

Momente des Vertrauens

Auch mit dem Vertrauen ist es wie mit vielen, anderen Momenten des Lebens: „Du musst erst lernen, dir selber zu vertrauen, damit die anderen Vertrauen in dich gewinnen!" Bist du dann soweit, kann sich ein unbeschreibliches Wohlgefühl der Geborgenheit ausbreiten. Ja, Vertrauen schafft Geborgenheit und wo du dich geborgen fühlst, schwingt auch Sicherheit zart und fein mit.

Darum:

„Wo in meinem Leben konnte ich mir selber voll und ganz vertrauen? In welchen Momenten hatte ich das sichere Gefühl, alles ist richtig? In welchen Situationen war ich mir ganz sicher, dass alles gut kommt? Welche Menschen setzen ihr volles Vertrauen in mich? Wann und wo habe ich das in mich gesetzte Vertrauen vollumfänglich bestätigt? Worauf verlasse ich mich immer wieder und weiß tief in mir, dass es richtig ist?"

Ja, ich bitte dich: „Vertraue in diese Zeilen, in die Idee, dass dein ganz persönliches Schatzbuch „persönliche Gedanken" mit Sicherheit eine deiner wertvollsten und besten Investitionen deines Lebens ist. Gönn' dir diese Zeit und die paar Blätter Papier!" Ich vertraue darauf, dass du den Wert dieses Momentes mit deinem Herzen erkennst. Für dich – und weil du es wert bist!

Momente der Wertschätzung

Werte zu schätzen, ist eine Grundvoraussetzung für inneren und äußeren Reichtum und dafür, selber geschätzt zu werden. Erinnere dich, wie du dich gefühlt hast, als jemand zu dir sinngemäß sagte: „Vielen herzlichen Dank liebe/lieber XYZ. Ich schätze Ihren Beitrag sehr. Er ist äußerst wertvoll für...!" Falls du dir im Augenblick keiner solchen Situation bewusst bist, dann hilft dir mit Sicherheit folgende Selfcheck-Liste:

„Wofür habe ich schon Komplimente erhalten? Wem habe ich selber Komplimente gemacht? In welchen Momenten hatte ich das Gefühl, etwas Wertvolles getan oder gesagt zu haben? Wem kann ich heute ein ehrliches Kompliment machen – und wofür? Was schätze ich ganz besonders an den Menschen in meinem privaten Umfeld? Was schätze ich ganz besonders an den Menschen an meinem Arbeitsplatz? Was ist für mich speziell wertvoll an meinem Hobby? Was ist für mich besonders wertvoll an meiner Arbeit? Welche Schätze birgt die Natur für mich?"

Denke immer daran: „Der Wert deines Schatzbuches „persönliche Gedanken" wächst mit jedem Eintrag!" Du bist wertvoll. Schön, dass es dich gibt.

Momente der Trauer

Ja, auch Trauer gehört zum Leben. Du fragst dich vielleicht, was sie in deinem Schatzbuch zu suchen hat? Ganz einfach: „Hinter der Trauer verbergen sich viele schöne Momente und Erinnerungen." Genau genommen trauern wir nicht dem Menschen nach, sondern den schönen Gefühlen, welche wir mit ihm erlebten!

Ja, darf ich denn nicht trauern und weinen? Doch, du darfst und sollst trauern und weinen. Aber es kommt der Moment, wo du dich von deinem Selbstmitleid lösen und in Dankbarkeit auf die schönen Augenblicke zurück schauen sollst.

Dieses hier könnte der Moment sein:

Worüber habe ich mit diesem Menschen gelacht? Wofür habe ich ihn geliebt? Wofür bin ich dankbar, dass wir es zusammen erlebten? Welche schönen Momente habe ich mit ihr/ihm erlebt? Was hat sie/er für mich getan, worüber ich froh war? Welche lieben Worte bekam ich geschenkt?"

Du bist nicht arm und allein, weil dich jemand verlassen hat. Du bist reich, weil er/sie in deinem Leben einen Platz eingenommen hat. Niemand trauert um jemanden, den er hasste. „Weine nicht, weil es vorbei ist. Lache, dass es überhaupt passiert ist!"

Momente
der Krankheit

Krankheiten legen dich nicht einfach lahm. Sie sind Botschafter deiner Seele und ein Hilfeschrei des Körpers, um aufzuzeigen, dass du dringend etwas verändern sollst! So betrachtet ist die Krankheit eine echte Chance, Dinge zu überdenken und danach besser zu machen. Wenn du sie nur „aussitzt", um im alten Trott weiter zu fahren, hast du nichts daraus gelernt. Nimm sie ernst! Nutze die Zeit, mache dir ernsthafte Gedanken und entscheide dann, wie es weiter geht.

Szenario:

„Deine Krankheit wäre so prägend, dass du vieles danach nicht mehr tun könntest." Dann stelle dir bitte folgende Fragen, damit es nie soweit kommen muss: „Was würde ich mir wünschen, dass es unbedingt noch möglich wäre? Was hätte ich am liebsten schon lange getan, wenn ich die Zeit dazu gefunden hätte? Wenn ich mich in meinem Leben auf eine Hauptaufgabe konzentrieren müsste, was wäre dies?" Wenn ich nur noch Spass haben dürfte, weil mich Ärger und unangenehme Dinge umbringen würden: „Was würde ich dann tun, wenn ich genug Geld hätte?" Siehst du: „Genau solche kraftvollen Ideen und Möglichkeiten gehören in ein Schatzbuch!"

M omente
der Tränen

Du ärgerst dich, weil du so nah am Wasser gebaut hast? Bist du dir bewusst, wie viele Lebensjahre es die Männer in unserer Kultur kostet, weil irgend ein „Dödel" den Satz prägte: „Echte Männer weinen nicht?" Dies ist einer der dümmsten und teuersten Sätze, die es gibt! Medizinische Untersuchungen haben gezeigt: „In den Tränen des Schmerzes sind Endorphine, also körpereigene Antischmerzdrogen, zu finden!" Mit Hilfe der Tränen verarbeiten wir seelischen Schmerz! Nimm dem Menschen dieses Ventil und du zwingst ihn, tiefste Gefühle zu verdrängen. Das macht krank! Darum lasse es raus:

„Worüber habe ich schon geweint? Was habe ich Schönes erlebt, dem ich mit Tränen nachtrauerte? In welchen Momenten möchte ich künftig weinen dürfen? Was wurde mir nach dem „Waschen meiner Augen" klar, was lernte ich daraus?"

Verstehst du jetzt, warum Tränen sein dürfen, ja sein müssen. Nicht der Tränenunterdrücker ist ein echter Mann. Einer der weinen und seine Gefühle zeigen kann, ist wirklich stark! Was war und ist so wertvoll, dass du darüber geweint hast und es somit verdient, in deinem Schatzbuch „persönliche Gedanken" aufgeschrieben zu sein?

Momente der Verzweiflung

Ich weiß nicht mehr, was ich tun soll? Wie soll es nur weiter gehen? Ich bin so verzweifelt, sehe keinen Ausweg? Warum nur... Stooopp! Bis hierhin bargen alle Aussagen direkt und indirekt einen Lösungsweg. Mit dem „Warum nur" startet die Straße des Selbstmitleides. Und diese lassen wir definitiv außen vor, einverstanden?

„Ich weiß nicht mehr, was ich tun soll" – „wie soll es weiter gehen" – „ich sehe keinen Ausweg" zeigt, dass du Auswege und Lösungen suchst!

Du brauchst nur die Fragen umzustellen in:

„Was könnte ich tun, um dieses oder jenes zu verändern? Wer könnte mir dabei helfen? Was würde mich einen Schritt weiter bringen, raus aus dem Problem? Was steht mir noch im Wege, was blockiert mich noch?"

Angenommen, es gäbe eine Lösung: „Wie würde die Situation danach aussehen? Wenn ich den Ausweg noch nicht sehen kann, welche Sicht und Distanz würde mir das Erkennen des Weges erleichtern?"

Du siehst, die richtigen Fragen helfen, Zuversicht zu wecken! Ja, selbst verzweifelte Momente, aus denen du einen Weg gefunden hast, sind Perlen deines Schatzbuches „persönliche Gedanken". Ich wünsche dir viel Zuversicht!

Momente der Einkehr

Erinnerst du dich an Momente, wo du dir den Luxus einer Meditation, eines „in dich Gehens" gegönnt hast? Wie hast du dich danach gefühlt? Was ist in dir geschehen? Einkehr hat auch etwas mit Heimkehr zu tun. Du kehrst zu dir selbst zurück, begegnest deinem eigenen Selbst.

Die Wirkungen solcher Reisen zu beschreiben ist eine besondere Herausforderung. Es gibt jedoch Fragen, die dir helfen, dich an Erkenntnisse solch' wertvoller Augenblicke zu erinnern: „Vor welchen Dingen verspürst du eine tiefe, liebevolle Ehrfurcht? Was in deinem Leben lässt in dir das Gefühl von Respekt erwachen? Was in der Natur? Was in der gesamten Schöpfung? Wovor verspürst du ein tiefes Gefühl der Achtung? Welche Erkenntnisse in deinem Leben haben in dir das dankbare Gefühl von tiefem Verstehen und Begreifen wecken können?"

Was du hier als würdig erachtest, dein Schatzbuch „persönliche Gedanken" zu zieren, ist kaum der Kategorie „Strohfeuer" zuzuordnen! Solche Gedanken haben tiefere, sehr kräftige Wurzeln. Ja, ich wünsche dir von Herzen viele Momente der „Heimkehr".

Momente
der Ruhe

Wahrscheinlich kennst auch du überaktive Lebensphasen? Du hetzt von einem Termin zum anderen. Die Arbeitszeit reicht kaum, um alle wichtigen Dinge zu erledigen. Selbst in der Freizeit bist du Sklave deiner randvollen Agenda!

Das darf nicht sein! Die Natur zeigt uns, wie es geht: „Die Sommer- und Winterphasen; Tag und Nacht; das Ein- und Ausatmen; dein Herzschlag usw." Überall findest du die Balance von aktiven und ruhenden Zyklen. Und wir glauben, ohne dies auszukommen, bis sich unser Körper die dringenden Ruhephasen durch eine Krankheit holt. Willst du das?

Frage dich jetzt:

„Wann, an jedem Tag, gönne ich mir meine Ruhephasen? (Ab in die Agenda damit!) An welchen Wochentagen bin ich mir größere Ruhezeiten wert? (Auch in die Agenda!) Wann während des Jahres plane ich fix meine Ruheblöcke ein?" (☺ – Richtig, in die Agenda!) Ich wünsche dir ein ausgeglichenes, ruhe-aktives Leben mit vielen wundersamen Erkenntnissen und Erlebnissen, welche, du ahnst es schon, auch in deinem Schatzbuch „persönliche Gedanken" ein paar Zeilen füllen.

Momente der Erkenntnis

Nicht das geringste Anzeichen, dass heute etwas anders wäre. Kein Klopfen an deiner Tür. Keine ruhelose Nacht mit unzähligen Träumen. Kein ruheloses hin- und herwälzen im Bett...

...Und plötzlich ist sie da. Klar wie ein Bergsee und so einfach, dass du beinahe schon wieder zweifelst, ob sie es wirklich ist: „Die Erkenntnis!" Du hast keine Ahnung, woher sie kam und was sie auslöste. Doch eines weißt du mit absoluter Sicherheit: „Du hast lange darauf gewartet, sie herbeigesehnt und warst nahe daran, die Hoffnung aufzugeben." Wahrlich, ein Freudentag! Wenn dies doch nur öfters möglich wäre. Die gute Nachricht, es ist!

Man nehme: „Eine ausgedehnte Zeit der Ruhe – hole sich die Fakten des Themas ins Gedächtnis – lege sich nieder – und stelle die Schlüsselfrage, auf die man eine klare Antwort finden will." Und mit sanfter Musik, zarten Düften und Kerzenlicht geht es noch leichter und schneller. Wichtig ist: „Lasse los, die Antwort jetzt und sofort erzwingen zu wollen. Sie kommt und du wirst sie erkennen!"

Was meinst du: „Wenn nicht solche Erkenntnisse in dein Schatzbuch „persönliche Gedanken" gehören, was bitte dann?"

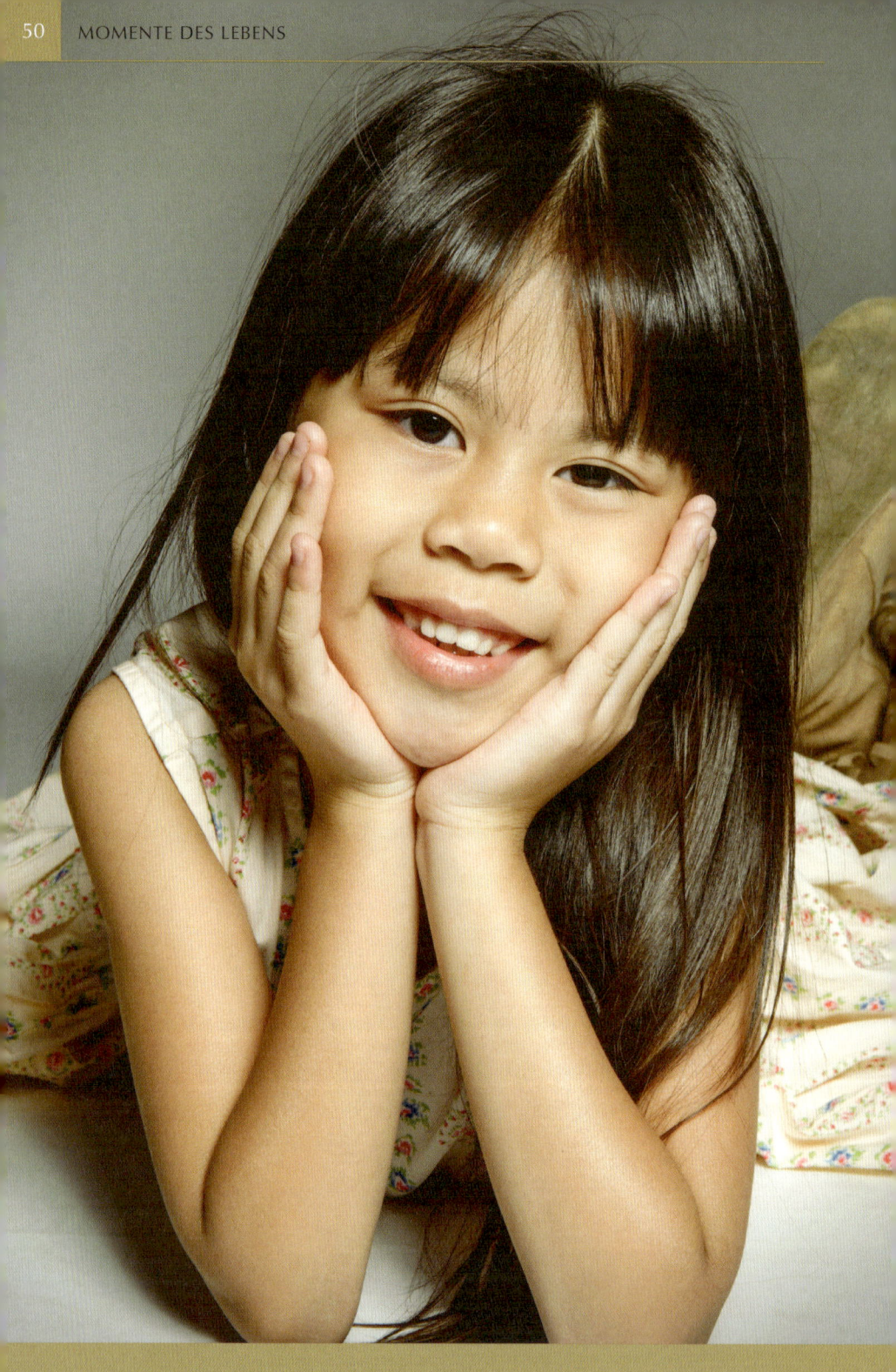

Momente des Lächelns

Ach komm' schon, Bühler. Das haben wir doch schon mal gehabt mit dem „Lächeln ist die kürzeste Verbindung zwischen zwei Menschen" oder „Lächeln ist die schönste Art, anderen seine Zähne zu zeigen". Was soll das nun schon wieder? Du hast natürlich recht. Doch: „Kannst du glauben, dass es dazu noch mehr zu entdecken gibt?" Nein? Dann schlage einfach ein anderes Kapitel auf... ☺

Du bist noch da? Das freut mich! Also, weiter auf unserer Entdeckungsreise in das Land des Lächelns... Nein, nein, wir reisen nicht nach Asien. Die Reise führt uns zu deinem inneren Lächeln!
Und so findest du deine Momente des Lächelns...
Beobachte Kinder: „Was tun sie, das dir ein zartes Lächeln auf die Lippen zaubert?" Blicke zurück: „In welchen Augenblicken deines Lebens hast du gelächelt?" Auf deinem Weg zur Arbeit: „Was und wo lässt dich liebevoll innerlich lächeln?" Blicke voraus: „Wobei, in nächster Zukunft, ist es möglich, dass dir ein Lächeln über das Gesicht huscht?"
Und jetzt freue dich darauf, mit einem wissenden Lächeln diese Momente in deinem Schatzbuch für immer festzuhalten. Sei versichert: „Ich lächle dir zu..."

Momente
des Reichtums

Ich habe mich gefragt: „Soll dieses Thema hier ein weiteres Mal seinen Platz bekommen?" Die Antwort ist klar: „Wenn nicht in einem Schatzbuch der „persönlichen Gedanken" wo bitte sonst?" Darum mache ich es kurz und du kannst dich sofort auf die Suche nach deinen Reichtümern dieser Welt begeben, o.k.? Beobachte, entdecke und mache dir bewusst: „Den Reichtum fröhlich spielender Kinder. (Wann und wo hast du sie heute erlebt?) Den Reichtum deiner Gesundheit. (Was an dir ist alles gesund?) Den Reichtum der Pflanzen und Tiere. (Welche perfekte Vielfalt entdeckst du bei näherem Hinschauen?) Den Reichtum des Wissens. (Wir sind heute gesegnet mit einem Zugang zu unermesslichem Wissen durch Internet, Bibliotheken, Bücher u.v.m.) Den Reichtum von Nahrung. (Die unendliche Auswahl, die dir heute zur Verfügung steht.) Den Reichtum von Freizeit. (Was tust du in dieser Zeit?) Den Reichtum von gesundem, klarem Wasser. (Sag einfach danke...) Den Reichtum zur Schule gehen zu können. (Auch wenn es nicht alle so toll fanden.) Den Reichtum, in einem freien Land zu leben. (Du kannst deine Religion, deine Überzeugungen leben.) Den Reichtum der Kleidung. (Wir haben ja bereits die Qual der Wahl.)" Und hiermit wurde ihr/sein Schatzbuch „persönliche Gedanken" noch schwerer und reicher…

Momente der Freundschaft

Wir alle kennen Aussagen, wie: „Jeder Mensch braucht Freunde!" Und lässt du mich diesen Satz ein wenig hinterfragen und präzisieren? Danke! Überlege: „Ich brauche Freunde – brauchen ist Abhängigkeit! Ich habe Freunde – haben ist Reichtum!" Meine Meinung ist: „Fühle dich glücklich, dass es Freunde gibt, dass du Freunde, also dir freundlich gesinnte Menschen „hast"." Wobei du selbst die besten Freunde nie hast, also besitzt, sondern dich freuen sollst, dass es sie gibt! Darum: „An welche Momente der Freundschaft erinnerst du dich? Wo und in welchen Situationen verspürst du ein Gefühl von Freundschaft? Woran erkennst du, für dich, Freundschaft? Freundschaft ist für mich, wenn:… Wann, wo und weshalb hat dir zum letzten Mal jemand freundschaftlich auf die Schultern geklopft, dir die Hände gedrückt?" Denke daran: „Wer Freunde braucht, um glücklich zu sein, macht sein Glück davon abhängig, dass es sie gibt. Wer Freunde hat, ist glücklich, zu wissen, dass es sie gibt und kann sich dabei weiter frei fühlen!" Spürst du's: „„Momente der Freundschaft" sind viel einfacher zu entdecken, weil sie nicht nur von Freunden abhängig sind!" Ich wünsche dir täglich kleine und große „Momente der Freundschaft"! Mögen auch sie dein Schatzbuch „persönliche Gedanken" bereichern.

Momente
der Geborgenheit

Geborgenheit, Liebe, Schutz, Sicherheit, ein absolutes
Wohlgefühl, das erinnert mich an etwas, das ich tief und
unbewusst spüre… Hhmm – ach ja, jetzt hab' ich's: „Es
war im Mutterleib, als ich im Schutz des Fruchtwassers,
eingebettet in einer Hülle angenehmer Wärme und Liebe,
heranwachsen durfte." Geborgenheit ist also ein Urgefühl,
das wir in der einen oder anderen Form bereits kennen.
Schön, dass es auch „draußen" Momente gibt, die uns an
diese Zeit erinnern… Mit folgenden Fragen und Anregungen kannst du diese Brillanten ins Hier und Jetzt holen:
„Wann und wo habe ich mich in warmem Wasser ganz
einfach getragen und geborgen gefühlt? In der Gegenwart
welcher Menschen fühle ich mich sicher und geborgen?
Wer ruft in mir ein Gefühl der Geborgenheit aus, wenn sie/
er z. B. den Arm um meine Schultern legt oder ich mich
anschmiegen kann? In welcher Umgebung, welchem Umfeld, fühle ich mich geschützt und geborgen? In welcher
Schlafstellung fühle ich mich geborgen und wohl? Welche
Musik ruft in mir ein Gefühl von Wärme und Geborgenheit
hervor?" Vielleicht verspürst du heute Lust, deine „Momente der Geborgenheit" mit einer warmen und weichen Farbe
in dein Schatzbuch „persönliche Gedanken" zu schreiben?

Momente
der Dankbarkeit

Dankbarkeit ist ein gar köstlich Gut! Und es ist so einfach! Wofür du dankbar bist, davon ziehst du mehr in dein Leben. Du kannst sogar dankbar sein für Dinge, die du noch gar nicht hast! Der Vorteil? „Mit dem Danken für die bereits geschehene Erfüllung deines Wunsches oder Zieles „bestellst" du einerseits dessen „Lieferung" und andererseits lässt du ihn gleichzeitig wieder los!" Dankbarkeit als Weg zum Loslassen? Einfach genial!

Wofür du dankbar sein kannst: (…und dies ist wirklich nur eine sehr kleine Auswahl!) „Für deinen Job oder Teile davon? (Was genau?) Heute gesund aufgestanden? Ein warmes Bett? Eine köstliche Mahlzeit? Deine Gesundheit? Dein Wissen? Dein Können? Deine Fähigkeiten? Deine Arbeit? Deine Familie? Deine Freunde? Dein Partner, deine Partnerin? Deine Kinder? Was du in der Schule lernen durftest? Das Internet? Dein Hobby? Freundliche Worte eines Menschen? Ein Kompliment? Eine Kritik? Und und und…"

Wofür jeweils ganz genau?

Schreibe jede noch so kleine Sache auf! Wie du siehst, gibt es wirklich unendlich viele Dinge, wofür du dankbar sein kannst. Einfach DANKE!

Momente der wahren Helden

Ja, wer sind sie denn, die wahren Helden des Lebens? Menschen, deren Namen wir kennen? Die in den Geschichtsbüchern stehen? Erfinder, Entdecker, Forscher und grosse Präsidenten? Auch, aber nicht nur! Du findest sie überall. Schau dich um! Ich fordere dich auf: „Entdecke heute (d)einen Helden, (d)eine Heldin!"

Frage: „Wen kennst du, der liebevoll seine eigenen Bedürfnisse zurückstellt, um jemanden aufopfernd zu pflegen? Oder die herzliche Mama, die 15 Stunden am Tag, 7 Tage die Woche, 365 Tage im Jahr die gleiche Routinearbeit für ihre Liebsten verrichtet, immer da ist voller Fürsorge, wenn jemand krank wird, selbst dann, wenn sie selber kaum mehr Kraft dazu aufbringen kann? Der Papa, der mit seinen Sprösslingen spielt und auf jede noch so banale Frage liebevoll antwortet, obwohl im Geschäft gerade alles drunter und drüber geht? Der/die AutofahrerIn, welche vor dem Zebrastreifen anhält, aussteigt und einem älteren Mitmenschen mit einem Lächeln im Gesicht über die Straße hilft?" Ja, es gibt sie wirklich, die Helden, die nie in einem Buch oder Fernsehauftritt anzutreffen sind. Entdecke und verewige jetzt ihre und deine Heldentaten in deinem Schatzbuch „persönliche Gedanken"!

Es mag sein, dass es manchmal leichter erscheint, ein Hindernis zu umgehen. Doch denke daran: „Überwundene Hürden stärken dich, die umgangenen begegnen dir immer wieder, bis du das Thema gelöst hast. Du kannst wählen!"

III.

Angst als Bremse - Angst als Förderer

Die Angst sieht die Gefahr durch ein Vergrößerungsglas

(Elisabeth Hablé)

Demzufolge ist Angst nicht einfach Angst, sondern eine Frage der Sichtweise? Ein interessanter Gedanke. Wenn das wahr wäre, würde es bedeuten, dass du nur deine Sichtweise der Angst verändern müsstest – und schon würde sich alles ganz anders anfühlen?

Leichter gesagt als getan? Vielleicht, doch gönne dir einmal folgende Übung und achte dabei auf deine Gefühle:

„Stelle dir vor, du wärst ein neutraler Beobachter, zum Beispiel eine Fliege oder ein Adler, der weit über dieser Angstsituation schwebt. Sieh dich selber in diesem Film (von aussen). Nun gehst du so weit auf Distanz, bis dieses Bild so klein wie eine Briefmarke ist."

Und jetzt achte auf deine Gefühle. Mit Sicherheit werden diese von Minute zu Minute angenehmer und neutraler. Klar ist damit dein Problem noch nicht gelöst. Aber die lähmende Angst ist weg und lässt konstruktives Denken in Lösungen zu. Es stimmt also doch: „Veränderte Sichtweise = veränderte Gefühle!"

Ängste bezeichnen die Grenzmarken unserer Persönlichkeit

(Kurt Guggenheim)

Ja, auch das kann eine Seite der Angst sein. Dinge, die du dir heute noch nicht zutraust, weil du zweifelst. Zweifeln heißt aber auch „nicht glauben, dass etwas möglich ist" oder „nicht glauben können, dass du etwas kannst". Die Angst zeigt dir also erbarmungslos auf, wo du, entsprechend deinen Überzeugungen, noch nicht an dich glaubst. Sie kann somit auch ein Signal für mangelndes Vertrauen, oder direkter, mangelndes Selbstvertrauen sein.

Ich habe einmal meine Schüler gefragt: „Was ist das Gegenteil von Angst?" Nach einigem Hin und Her waren wir alle überzeugt: „Es ist die Liebe!" Irgendwie leuchtet dies ein. Denn, wo echte Liebe ist, hat die Angst keinen Platz. Sie birgt in sich das absolute und ultimative Urvertrauen, ja, sie ist Urvertrauen! Ein interessanter Gedanke, nicht wahr?

Sinniere einmal darüber nach, was aus deinem Angst einflößenden Problem werden könnte, wenn du es mit den Augen der Liebe betrachtest? Ich wünsche dir einen liebevollen, weise akzeptierenden Blick…

Angst hat Zukunft

(Hans-Horst Skupy)

Wie recht er damit hat! Überlegen wir uns einmal: Was geschieht, wenn wir vor gewissen Dingen und Situationen Angst haben und uns fürchten? Die Antwort liegt bereits in der Frage. Ja, wir haben Angst vor etwas. Angst zielt also auf eine Möglichkeit, die vor uns liegt. Und was tun wir in solchen Momenten? Richtig, wir machen uns ein Bild von dem, was geschehen könnte und „bestellen" damit genau das, was wir nicht wollen! Und um die Chancen noch zu erhöhen, dass es auch wirklich so eintrifft, laden wir die ganze Sache auch noch mit Emotionen, eben, mit der Angst auf!

Das ist absoluter, physikalischer Blödsinn! Nur – und du hast natürlich recht – das kann jeder sagen, den es nicht direkt betrifft, der deine Angst nicht kennt.

Trotzdem, oder gerade deshalb, frage dich:

„Wie würde meine Welt aussehen, wenn das, wovor ich Angst habe, gar nicht, oder nicht so, eintreffen würde?" Oder: „Was, glaube ich, wäre daran so schlimm, wenn es tatsächlich eintreffen würde?" Und: „Ist das wirklich so schlimm, oder ist es vielleicht nur eine Wirkung in der materiellen Welt, die sich wieder harmonisieren lässt?"

Der Nutzen der Angst?

So negativ und nutzlos, wie viele vielleicht denken, sind jedoch Ängste nicht. Im Gegenteil! Ängste sind auch Zeichen und Vorboten unseres Unterbewusstseins. Ich schließe hier jetzt mal die rein „gelernten" Ängste aus. Damit meine ich diejenigen, die nicht direkt mit dir zu tun haben, sondern im zarten Kindesalter unbewusst durch dich übernommen wurden.

Zeichen und Vorboten wovon? Deine Angst kann dir zeigen, dass du tief in dir drin von einer Sache noch nicht vollends überzeugt bist. Dass dir für ein sicheres Gefühl noch weiteres Wissen fehlt. Dann können dir folgende Fragen weiter helfen:

„Welche Informationen brauche ich noch, um in der Sache, wovor ich mich fürchte, entscheiden zu können? Was muss ich noch üben, lernen oder trainieren, um diese „Prüfung" zu bestehen?"

Die andere Seite der Angst?

Ja, Angst hat auch noch eine andere Seite. Freue dich. Du kannst wählen, was du mit deiner Angst tun willst. Die Betonung liegt allerdings auf TUN!

Szenario:
Mal angenommen, das, wovor du Angst hast, trifft genau so ein, wie du es dir vorstellst: „Was würdest du daraus lernen? Was würdest du einem Freund raten, damit er dieses Problem rechtzeitig lösen kann?"

Wenn du also schon im Vorfeld daraus gelernt hast – und dessen bin ich mir ganz sicher – folgt die ultimative Frage im Hier und Jetzt: „Was kann ich heute tun, damit dieses Problem nicht meine Realität wird?"

Ich meine, es macht doch Sinn. Jetzt wo du weisst, wozu dieses Problem nützlich gewesen wäre, dass du es nicht mehr zu erleben brauchst, oder?
Also Kopf hoch. Lerne vorher anstatt danach und freue dich, dass du nun Mittel und Wege erkennst, diese Angst umzuwandeln in positives, rechtzeitiges Handeln.

Angst als Ratgeber?

Auf den ersten Blick eine zwiespältige Frage. Auf der einen Seite wissen wir, dass Angst das Konzentrieren auf eine Sache oder Angelegenheit bedeutet, der wir wirklich nicht noch mehr Energie geben wollen. Und dieses unerwünschte Resultat soll uns als Ratgeber dienen? Es ist eine Frage der Sichtweise, eine Frage, was du aus dieser Angst machst. Ängste sind nicht einfach kräfteraubend und schlecht. Sie können auch wertvolle Warnsignale sein und dich vor unüberlegten Handlungen beschützen! Wenn also Angst vor irgend etwas auftaucht, dann frage dich: „Was kann ich heute schon daraus lernen? Wovor kann und will mich diese Angst warnen, sodass ich rechtzeitig Massnahmen ergreifen kann?"

Eine Angst wirkt erst dann zerstörerisch, wenn du es zulässt, dass sie dich lähmt und du wie ein hypnotisiertes Karnickel vor der Schlange erstarrst und nichts dagegen tust. Werde aktiv. Trete deiner Angst entschlossen entgegen. Verändere heute, was zum befürchteten Eintreffen des Ereignisses führen könnte und stelle dir vor, wie es aussehen würde, wenn die Sache definitiv positiv ausgeht.

Angst einzugestehen, dazu gehört Mut

(Fritz Vahle)

Ist es nicht vielmehr ein Zeichen von Schwäche, zu sagen: „Ja, ich habe Angst vor…?" Vielleicht sogar jemanden zu fragen: „Kannst du mir dabei helfen…?" Nein! Das Gegenteil ist der Fall. Zu deinen Schwächen und der Angst zu stehen ist ein Zeichen großer, innerer Stärke! Niemand kann alles. Niemand ist jeder Situation des Lebens auf Anhieb gewachsen. Niemand erwartet, dass du für jedes Thema sofort die ultimative Lösung aus dem Ärmel zaubern kannst. Du darfst Fehler machen, du darfst Angst haben, aber du sollst daraus lernen. Das ist Leben!

Stehe zu deiner Angst. Gehe dazu folgende Sätze durch und nimm bewusst wahr, wie sich dein Gefühl für diese Angst verändert: „Ich habe Angst vor……" „Das kann sich jetzt ändern." „Ich will, dass die Angst vor…… jetzt verschwindet." „Liebes Unterbewusstsein, mache, dass ich ab jetzt, wenn es um die Angst vor… geht, mich neu…… (positiv formulieren) fühle." „Ja, dass ich ab sofort…… bin." „Danke, dass es so ist." Merke: „Eine Angst einzugestehen ist der erste Schritt, sie loszulassen!

Ja, berge deine Schätze des Lebens.
Du hast es verdient.

Ja, berge die Schätze des Lebens. Öffne jetzt deine Schatztruhe
und erfreue dich am unerschöpflichen Reichtum unseres Planeten.
Das Leben kann herrlich sein. Genieße jeden Augenblick
als sei es der letzte.

IV.

Reichtum ist mehr als ein Wort

Wahrer Wohlstand ist, wo alles zum Wohle steht

Und mit „alles zum Wohle steht" meinte der unbekannte Autor mit Sicherheit nicht nur die finanzielle Situation, sondern alle Lebensbereiche.

Darum kämme jetzt dein Leben durch:
„Wie steht es um deine Gesundheit, um deine Partnerschaft, deine Hobbies, die Motivation und Freude im Job? Hast du einen Traumlebensplan – und wo auf dem Weg stehst du heute? Wie gehst du mit dem Reichtum der Natur um? Welche Einstellung dazu könnte dich noch mehr den IST-Zustand genießen lassen? Und natürlich auch deine finanzielle Situation. Wie sieht diese aus?" Und, und, und... gehe sorgfältig durch alle Bereiche und dann frage dich: „Was kann ich heute tun, um mein „Hier und Jetzt" noch mehr zu genießen und im Bereich XYZ wieder einen Schritt weiter zu kommen?"

Ich wünsche dir, dass alles in deinem wundervollen Leben zum Wohle steht und du jeden Schritt genießen kannst.

Armut und Reichtum wohnen nicht im Hause, sondern im Herzen der Menschen

(Antistehnes)

Nein, es ist weder der Ort an dem du aufgewachsen, noch derjenige, an dem du heute wohnst, „schuld" daran, ob du arm oder reich bist. Selbst wenn es eine heruntergekommene Bude ist, total verslumt, dreckig und mit einer Unzahl dubioser Gestalten im Umfeld. Kein Ort bestimmt darüber!

Es gibt nur eine einzige Stelle, wo du die Antwort zu Armut und Reichtum findest: „Es ist dein Herz!" Ich kenne arme Menschen, die reich geworden sind und solche, die in der bestmöglichen Umgebung heranwuchsen und arm wurden. Sicher kann das Umfeld einen großen Einfluss haben, aber nicht den ultimativen! Was aus dir wird, geschieht allein aufgrund deiner Entscheidungen und Sichtweisen. Punkt!

Ich weiß, das hören viele Menschen gar nicht gerne. Doch es ist so. Solange du jemandem oder einer Sache die Schuld zuweist, gibst du deine Macht zur Veränderung an diese Menschen und Umstände ab. Möchtest du das? Möchtest du, dass andere bestimmen, wie es dir geht, wie es um dich steht?

Armut beginnt im Kopf, Reichtum auch

Vielleicht meinst du: „Der kann schon große Töne spucken. Er hat Bücher geschrieben, die viele Menschen gekauft haben und immer noch kaufen. Wenn der in meiner Lage wäre…"
Glaubst du wirklich, hier liegt der Unterschied – und dass ich es leichter habe als du? Vielleicht. Von außen betrachtet, mag es so aussehen. Doch weißt du, was wirklich dahinter steckt?

Dann sage ich dir: „In Sachen Geld gibt es wahrscheinlich nur wenige, die mit mir tauschen möchten." Warum? Weil ich mir vor weit über zehn Jahren ein siebenstelliges Franken-Loch kreiert habe und es wirklich schönere Dinge gibt, als dauernd mit Altlasten und erbosten Gläubigern konfrontiert zu sein.

Fühlte ich mich deswegen arm? Nein, nie! Ich war und bin reich. Reich an Ideen, reich an Gesundheit, reich an Schaffenskraft. Der monetäre Rest lässt sich lösen. Nein, arm war ich nie – im Gegenteil: „Ich war und bin reich. Erst im Kopf, dann folgt das Außen! Danke, dass es so ist."

Nicht wer zu wenig hat, sondern wer mehr begehrt, ist arm

(Seneca)

Anders gesagt: „Erst wer unter der „more-desease", der sogenannten „Mehr-Krankheit" leidet, ist wirklich arm." Er oder sie braucht dann immer mehr, um sich glücklich zu fühlen. Ein intensiver Einkaufsrausch kann zwar den Endorphin-Pegel, die körpereigenen Drogen, anheben. Dieser klingt jedoch schnell wieder ab. Dann ist es vorbei und im Regal stehen weitere zehn Paar Schuhe. Ist dieser Mensch deshalb glücklicher? Ich bezweifle es. Hinzu gesellt sich noch das schlechte Gewissen, verschwenderisch zu sein. Das macht es noch schwieriger, sich tief im Inneren wirklich reich zu fühlen.

Die Königsworte in diesem Moment sind: „Dankbarkeit und Glücklichsein!" Wer dankbar sein kann, für das was ist, sich glücklich fühlt mit seinem Leben, der ist wahrlich reich! Natürlich gehören dazu auch Wünsche, Träume und Ziele!

Du kannst, darfst und sollst Dinge haben, die andere sich nicht leisten können. Das ist absolut o.k. Doch: „Fühle dich bereits reich mit dem was ist!"

rm und glücklich?

Was meinst du, gibt es das wirklich, „arm und glücklich"? Ich glaube nicht. Nein, ich bin sogar der festen Überzeugung, diese Kombination gibt es nicht! Ich höre schon den Aufschrei einiger: „Ja was glaubt denn dieser Bühler? Meint der, dass man reich sein muss, um glücklich zu sein? Es gibt doch so viele Beispiele, wo Reichtum auch nicht glücklich machte, oder?"

Und wenn du noch so vehement gegen diese Aussage bist: „Arm und glücklich gibt es nicht!" Warum? Weil ein Mensch, der glücklich ist mit dem, was er hat und erlebt, im Grunde seines Herzens reicher ist, als jemand mit Millionen, ohne Lebenssinn und Aufgabe... Denke einmal nach: „Wofür bin ich glücklich und dankbar? Was habe ich, das andere nie haben werden? Medizinische Versorgung? Saubere Straßen? Jeden Tag zu essen? Kleider?"

Du bist reich, wenn du in dem, was bereits ist, den wahren Reichtum erkennst und glücklich bist!

Was wäre, wenn das Leben eine Illusion wäre?

„Ja, was wäre, wenn dein Leben tatsächlich eine reine Illusion, eine Ein-Bildung, ein inneres Bild wäre? Konstruiert von deinem Gehirn aufgrund äußerer Signale, die deine Sinne reizen? Die du nur wahrnehmen kannst, weil du die entsprechenden Rezeptoren und Resonanzen besitzt, welche entsprechend deiner Wahr-Nehmung wiederum beeinflussen, welche Illusionen außerhalb von dir kreiert werden?"

Eine komische Frage, findest du? Die Quantenphysiker behaupten genau dies: „Das Leben ist eine reine Illusion. Dein Leben, die Vorgänge in dir und um dich herum, entstehen durch die entsprechenden Verknüpfungen und den gelernten Interpretationen in deinem Gehirn!"

Sie sagen aber auch, dass das, was du denkst, genauso Einfluss hat auf die Dinge, die kreiert werden. Ja, sie erst kreiert – für dich.

Zu technisch aber doch irgendwie interessant? ☺ So erging es mir auch, als ich das erste Buch über diese Wissenschaft las. In einfachen Worten bedeutet es: „Du gestaltest dir deine Welt aufgrund deiner inneren Bilder und Gedanken, beeinflusst durch deine Sichtweisen."

Entfache dein inneres Feuer der Begeisterung. Lasse es erstrahlen.
Sei dankbar für alles, was dir in deinem wundervollen Leben,
deinem Leben voller Wunder, gelingt und schätze die
Nachhilfestunden, die es dir erteilt.

V.

Begeisterung-
Treibstoff der Zukunft-
heute verfügbar

Ohne Begeisterung schlafen die besten Kräfte

(Johann Gottfried Herder)

Wir Menschen verfügen bekanntlich über enorme Power – und wenn es darauf ankommt, staunen wir nicht selten, wozu wir fähig sind. Beispielsweise die Wut. Sie kann wahrlich enorme Kräfte freisetzen. Oder die Kraft aus Schmerz und Trauer. Auch sie lässt Menschen immer wieder über sich hinaus wachsen. Beide jedoch vermögen uns in den seltensten Fällen über lange Zeit zu „nähren".

Frage einen Neurologen und er wird dir bestätigen: „In beiden Beispielen sind ganz andere Botenstoffe in deinem Körper für diese großen Leistungen verantwortlich." Eine der gesündesten und über Jahre lebbare, neuronale Energiebombe ist, du errätst es natürlich, die Begeisterung! Leider scheint sie allerdings bei sehr vielen Menschen in einer Art Winterschlaf zu sein.

Wache auf! Wecke deine Begeisterung, für dich und dein Leben! Es kann so herrlich sein. Mehre bewusst diese kraftvollen Momente in deinem Leben. Du bist es wert!

Wo ein Begeisterter steht, ist der Gipfel der Welt

(Joseph von Eichendorff)

Braucht es wirklich die Begeisterung, um große Dinge zu schaffen? Reichen gute Pläne und Strategien, Disziplin und Durchhaltevermögen nicht? Was Pläne und Strategien angeht, so bin ich derselben Meinung: „Sie sind wichtig und hilfreich, wenn du dich auf deinen Weg machst zum großen Wunsch, Traum und Ziel."

Auch Disziplin und Durchhaltevermögen sind dabei unentbehrliche Tugenden. Und doch: „Es geht nicht ohne Begeisterung!"

Wo keine Begeisterung, da ist auch kein Treibstoff. Denke nur daran, was ist, wenn es im Leben und deinen Projekten einmal einen Berg zu überwinden gilt? Dann reicht dein bisschen Fahrt nie und nimmer. Genau dann brauchst du den Turbo-Booster deines Geistes, die Begeisterung!

Ich fordere dich auf:
„Begeistere dich für dein Leben, deine Gipfeltouren, deine Aufgaben und Herausforderungen." Ich wünsche dir von Herzen ein dich begeisterndes Leben!

Begeisterung
ist der Zunder in uns, ...

(Johann Gottfried Herder)

„...der Funken schlagen will." Stelle dir vor, dein Wunsch, der Traum, das Ziel oder das Projekt wären ein schön aufgeschichteter, beeindruckender Holzstapel. Und genau so wie dein Holzstapel aus lauter einzelnen, verschieden großen Holzstücken besteht, so setzt sich auch dein Ziel aus einer großen Zahl einzelner Teilschritte zusammen.

Dein sorgfältig vorbereiteter Stapel kann bereits von nahe stehenden Menschen wahrgenommen werden. Er verfügt auch schon über einige Kraft. Doch leider ist diese immer noch gebunden im Holz.
Damit dein Feuer für „das weite Universum sichtbar" wird, fehlt etwas Entscheidendes: „Richtig, der entflammende Funke mit dem Zunder!" Die Idee, der Plan, die Strategie allein reichen nicht. Sie sind lediglich das Holz. Erst deine Begeisterung erweckt das Feuer zum Leben!

Welche Dinge ruhen noch in dir? Welche Holzstapel hast du bereits aufgeschichtet? Wo fehlt nur noch der Zunder, damit es losgeht?

Fleiß gegen Begeisterung – wer gewinnt?

Wie heißt es so treffend im Volksmund: „Ohne Fleiß kein Preis!" Sicher birgt dieser Satz viel Wahres. Wer morgens zeitig aufsteht, gewissenhaft den Tag anpackt und mit Fleiß alle Dinge erledigt, die nötig sind, um seine Aufgaben bestens zu erfüllen, kann mit Sicherheit sehr viel erreichen.

Begegnet ihm aber ein großes Hindernis, wird sein Fleiß auf die Probe gestellt. Häufen sich solche Hürden, dann braucht es immer mehr Kraft und es kann der Moment eintreffen, wo Fleiß zwar eine lobenswerte Tugend ist, doch die Energie, die es braucht, weiter fleißig zu sein, langsam aber sicher zu Ende geht. Was dann? Da hilft nur eines: „Die ultimative Begeisterung!"

Sie ist die Quelle, aus welcher der Fleiß und seine Geschwister Disziplin und Durchhaltekraft ihre Kraft schöpfen. Somit wäre klar, wer im Wettstreit „Fleiß gegen Begeisterung" gewinnt, oder? Noch besser heißt das Duo statt „Fleiß gegen Begeisterung": „Fleiß mit Begeisterung!"

Das unschlagbare Duo: Begeisterung mit Herzenswärme

Natürlich ist allein in der Begeisterung schon sehr viel Gefühl und ich möchte sie auf keinen Fall in meinem Leben missen. Doch habe ich auch schon Begeisterungsfeuer gesehen, die eher einem Stroh-, als einem Kaminfeuer glichen. Sie waren groß und stark, doch leider nur von kurzer Dauer.

Kommt jedoch Herzenswärme und damit die Liebe dazu, ist die Sache perfekt! Begeisterung gepaart mit Herzenswärme ist rund, weich und dauerhaft. Sie verzehrt nicht und lässt keine ausgebrannten „Gefühlshülsen" zurück.

Für dich bedeutet es: „Liebe das, was du erreichen willst und tust. Begeistere dich mit allen Fasern deines Seins dafür!" Mit dem Lieben einer Sache ist es wie mit der Begeisterung: „Entdecke in allem, was du tust oder tun musst, die Teile, die du lieben kannst. Akzeptiere die anderen und sehe in ihnen wertvolle Hölzer deines Feuers. Begeistere dich für das Ganze und liebe den Weg und jeden einzelnen Schritt."

Begeisterung
kennt keine Grenzen

(Hans-Horst Skupy)

„... schon gar nicht die, des Nachbarn." Hast du schon einmal einen Raum betreten, in dem gestritten wurde? Und wie hast du dich dort gefühlt? Voller Energie und Lebenskraft? Wohl kaum. Und bist du einmal in einer Gruppe Menschen gewesen, die alle ausgelassen und fröhlich, ja begeistert waren? Und wie hast du dich dort gefühlt? – Und wo möchtest du lieber sein, wenn du wählen könntest?

Weißt du, ich kann weder Japanisch, noch Spanisch. Doch ein Ereignis mit begeisterten Menschen kennt keine sprachlichen Grenzen. Es strahlt auf dich aus, selbst wenn du kein einziges Wort verstehst. Allein der Klang der Stimmen hat etwas Weiches, uns auf ganz besondere Weise Ansprechendes und Mitreißendes.

Ja, Begeisterung kennt wahrlich keine Grenzen. Diese Sprache verstehen wir an jedem Ort der Welt! Nicht umsonst wurde das Buch „Lebe begeistert und gewinne" von Frank Bettger ein Weltbestseller. Werde auch du zum „Weltbestseller". Lebe begeistert und gewinne!

Warum Begeisterung Disziplin ersetzen kann?

Wann brauchst du die ach so hoch gelobte Tugend der Disziplin? Meistens dann, wenn du etwas tun musst und selten, wenn du die Dinge tun willst, oder? Müssen hat also immer mit Druck zu tun. Wollen mit eigenem Antrieb, einer Kraft aus deinem Inneren! Ich frage dich: „Brauchst du Druck, wenn dir etwas total Spaß macht und Begeisterungsstürme in dir freisetzt?"

Nein? Du meinst: „Aber es gibt nun mal Dinge, die machen keinen Spaß und müssen trotzdem getan werden?" Einverstanden, wenn du bewusst „vergisst", dass es nie die Sache, jedoch immer deine Sichtweise ist, die deine Gefühle steuert. Folgende Fragen können dir helfen, deine Sicht für „Muss-Aufgaben" zu verändern:

„Was an dieser Aufgabe könnte auch positiv sein? Positiv für meine Erfahrungen, meine persönliche Entwicklung, mein Selbstvertrauen? Was kann ich dabei lernen, das mich weiter bringt auf dem Weg zu meinen Zielen? Wen könnte ich dabei kennenlernen? Wie werde ich mich fühlen, wenn das Ganze erledigt ist?" Darum: „Finde in jeder Aufgabe Teile, die dich begeistern und weiterbringen, ja, begeistere dich für deine Aufgaben!"

Durchhaltekraft
brauche ich nur, wenn…

Ja, wann brauchst du denn die Durchhaltekraft? Mit ihr verhält es sich, wie mit der Disziplin. Du brauchst sie, wenn dir unterwegs die Kraft auszugehen droht. Wenn du einem vermeintlichen Berg gegenüber stehst, von dem du glaubst, ihm nicht gewachsen zu sein. Wenn du den weiteren Weg noch nicht erkennen kannst und die Aufgabe nicht deinen ganz persönlichen Zielen dient!

Doch selbst dann, wenn du eine Aufgabe „nur" des Geldes wegen erledigst, hast du immer die Chance, zumindest dies als Motivation zu sehen. Genau dieses Geld kann dazu beitragen, dass du deine Wünsche verwirklichen, dir die Ferien leisten kannst, auf die du dich so freust. Oder, dass du dir dieses und jenes kaufst, wonach du dich schon lange sehnst! Oder es hilft dir, heute in dich zu investieren, indem du sparst und dich so auf deine vorgezogene Pensionierung in einem südlichen Nachbarland vorbereitest.

Was immer deine Motivation ist: „Alles kann irgend einem weiteren, erstrebenswerten Nutzen dienen, wenn du es schaffst, dies für dich zu erkennen!" Viel Freude auf deiner Entdeckungsreise der Motive wünscht dir Franz X.

Rezept für Begeisterung

Nach so vielen begeisternden Anregungen und Weisheiten ist klar, was noch fehlt: „Ein funktionierendes Rezept für Begeisterung." **Hier ist es!**

Begeisterungsidee Nr. 1

Schreibe auf eine Karte, die du immer bei dir trägst und jeden Tag sehen kannst, folgenden Text: „Ich ...Vorname... begeistere mich für mein Leben. Ja, ich bin begeistert. Danke, dass es so ist." ...und diese Sätze sagst du laut und mit einem Lächeln im Gesicht mindestens 200mal pro Tag. (leise geht natürlich auch, doch laut sind sie wirkungsvoller...☺)

Begeisterungsidee Nr. 2

Führe dein persönliches Begeisterungsbuch. In dieses schreibst du jeden Abend vor dem Einschlafen Antworten auf folgende Fragen: „Was ist mir heute Begeisterndes passiert? Welche Menschen machten einen begeisterten Eindruck? Was könnte mich morgen begeistern?"

Das müssen keine weltbewegenden, großen Ereignisse sein. Auch die kleinen und kleinsten haben hier einen Platz verdient. Suche und du findest! Viel Spaß und Begeisterung!

Erkennen heißt auch: „Es kommen Licht und Klarheit in dein Bewusstsein. Es ist, als ob dir ein warmer, heller Sonnenstrahl im Wald deiner Herausforderungen den Weg weist."

VI.

Erkenntnisse –
wahr und
alltagstauglich

Sind Zeugnisse wahre Spiegel?

Zeigen Schul- und Arbeitszeugnisse wirklich den Menschen, dessen Namen sie tragen? Erst die Schulzeugnisse. Da wird ein Mensch in Bezug auf Wissensgebiete kalt und hart mittels Zahlen beurteilt. Oft aufgrund des sogenannten Klassendurchschnittes. Hast du das vermeintliche „Glück", in einer unterdurchschnittlichen Klasse zu sitzen, werden deine Leistungen höher bewertet. Hast du Pech und bist umgeben von einem Haufen Genies, sagen deine Zeugnisse etwas ganz anderes. Soweit so gut, wenn nur nicht genau diese Zahlen einen so enormen Einfluss auf dein weiteres Leben und deine Chancen, z. B. auf dem Lehrstellenmarkt hätten. Und was ist mit den Arbeitszeugnissen? Ganz einfach: „Sie basieren auf der Sichtweise anderer Menschen, deren Lebenstragödien kein Zeugnisleser kennt und die, menschlich wie wir alle sind, es kaum vermeiden können, dass persönliche Empfindungen in die Urteilsbildung einfließen." Wer sich nur auf Zeugnisse verlässt, hat kein Vertrauen in seine Menschenkenntnisse und sein Urteilsvermögen! Denn: „Zeugnisse sind Dokumente der relativen und subjektiven Sichtweise anderer Menschen." Räume ihnen den Stellenwert ein, den sie verdienen. Lerne, auf deine Bauchgefühle zu vertrauen!

Was wäre, wenn du heute mal ein Engel wärst?

Ach komm schon, Bühler, hast du keine bessere Idee? Ich und ein Engel, das passt doch überhaupt nicht! Wirklich? Ganz sicher? Nun gut, dann liest du eben ein anderes Kapitel… Och, du bist noch da? Ich wusste es: „In dir schlummert doch ein Engel…☺" Ich verspreche dir, du brauchst dir weder Flügel wachsen zu lassen, noch musst ein weißes, wallendes Kleid anziehen und auch das Singen und Harfe spielen überlassen wir denen, die es können. Einverstanden? Also dann, lieber Engel… Ich lade dich ein, heute folgende drei Ideen den ganzen Tag zu leben:

1. Nutze jede Gelegenheit, ein liebes Wort auszusprechen, ein Kompliment zu machen.

2. Interessiere dich bei jedem Menschen für das schönste Wort der Welt und dessen Bedeutung: „Seinen oder ihren Vornamen!"

3. Stell' dir vor, deine Arbeitsraumtüre wäre erfüllt von einer leuchtenden Wolke mit den Programmierungen: „Wer hier hereinkommt ist voller Liebe, Harmonie und Friedfertigkeit. Danke!"

So, das wär's auch schon. Beobachte, was geschieht und morgen entscheidest du dich bitte bewusst, ob du auch heute wieder ein Engel bist. Versprochen?

Danke, dass es mir so gut geht

Wenn du heute gesund, voller Power und frei von Belastungen aufgewacht bist... dann bist du gesegneter als viele andere... Wenn du nie das Leid eines Krieges, die Düsternis eines Gefängnisses oder das bohrende Gefühl des Hungers gekannt hast... geht es dir besser als 500 Millionen anderen...

Wenn deine Bedürfnisse nach Nahrung, Kleidung und Unterkunft gedeckt sind... bist du reicher als fünf Milliarden andere...

Du hast ein wenig Erspartes? Dann gehörst du zu den 10% Reichen der ganzen Weltbevölkerung... Wenn du liebevoll ein Lächeln im Gesicht trägst, von Herzen dankbar bist... dann bist du eine absolute Ausnahme. Warum? Weil die Mehrheit der Menschen es könnte, aber nicht tut!

Wenn du dieses Buch lesen kannst, bist du gleich mehrfach gesegnet... denn du konntest es dir leisten, oder jemand hat an dich gedacht und es dir geschenkt. Du hast dir die Zeit gegönnt, es in deine Hände zu nehmen und es geht dir besser als den zwei Milliarden Menschen, die nicht lesen können. „Danke, dass es mir so gut – ja, bestens geht!"

Die gute Führungskraft?

„Eine gute Führungskraft zeigt ihren Mitarbeitern nicht, wie gut er oder sie ist, sondern wie gut sie sind!" Das hört sich leichter an, als es ist. Doch das Potential, allein in dieser kleinen Einstellungsänderung, ist unbezahlbar groß! Die Menschen beginnen, dich noch mehr zu mögen, schätzen und lieben. Und wenn es sein muss, gehen sie für dich sogar durchs Feuer!

Diese Idee umzusetzen ist ganz einfach. Als erstes tue bitte folgendes: „Setz dich an deinen Computer, starte ein Textprogramm und gestalte dir eine einfache Karte, die du in deinem Geldbeutel mittragen und auf dem Schreibtisch platzieren kannst."

Darauf schreibst du in deiner Lieblingsschrift folgenden Text: „Ab jetzt zeige ich meinen Mitmenschen, wie gut sie sind und nicht, wie gut ich bin!" Wenn du willst, kannst du deine Karte mit einem kraftvollen Bild verschönern. Sie soll dir super gefallen und dich anspornen, deine neue Einstellung mit Freude zu leben.

Tue es und staune, wie schnell sich das Klima und die Kommunikation verändern. Du bist Spitze!

Du triffst immer die falschen Menschen?

Wen triffst du denn, der dir nicht behagt? Woran erinnern dich diese Menschen? Welche gespeicherten „Schubladen" öffnen sie dir, gefüllt mit Gefühlen, die du nicht magst?

Warum diese Fragen wichtig sind? Ganz einfach: „Weil dir diese Menschen zeigen, was in deinem unbewussten Teil noch nicht harmonisiert ist, was du noch zu bearbeiten und entwickeln hast." Auch wenn du sie nicht magst, solltest du ihnen dankbar sein. Sie sind deine Spiegel und Entwicklungshelfer! Und dies erst noch kostenlos. Das ist doch einfach genial, oder?

Natürlich verstehe ich, dass es schwer ist, jemandem dankbar zu sein, der für Ärger und Unangenehmes in deinem Leben verantwortlich scheint. Trotzdem bleibe ich dabei: „Sie sind deine Entwicklungshelfer – und solange du diese Schubladen nicht harmonisierst, kommen sie immer und immer wieder. Manchmal tragen sie andere Namen und Gesichter, doch das Thema bleibt dasselbe!" Das ist reine Physik!

Was du dagegen tun kannst? Verzeihen, akzeptieren, danken, aufräumen oder einen Coach aufsuchen, der was davon versteht...

Leben ist zeichnen
ohne Radiergummi

Das ist so, ich kann dies nur bestätigen. Alles, was du je gesehen, gehört, gefühlt, geschmeckt und gerochen hast, ist irgendwo in deinem Unterbewusstsein aufgezeichnet, bewusst oder unbewusst. Du kannst tatsächlich nichts löschen oder ausradieren, selbst wenn viele Berater dies immer wieder behaupten!

Was du kannst ist: „Du kannst jederzeit im Nachhinein deinen Erfahrungen und Erlebnissen die belastenden Emotionen nehmen. Sie also soweit ausradieren, dass nur noch die ehemaligen Striche als Vertiefung und reine Informationen zurück bleiben."

Das lässt sich leicht erklären. Auch nach einem erfolgreichen Coaching weißt du immer noch, dass dieses und jenes in deinem Leben geschehen ist. Es wurde nichts gelöscht! Doch wenn dein Coach sein Handwerk versteht, bist du danach in der Lage, darüber zu sprechen oder denselben Situationen mit einem anderen, deinem gewünschten Gefühl zu begegnen.

Du kannst nie
jemanden überholen…

„…wenn du in dessen Fußstapfen trittst!" Beim Auto fahren ist das völlig klar. Du musst die Spur wechseln, um den Wagen vor dir zu überholen. Und wie ist das in deinem Leben? Hast du schon einmal versucht, jemanden „zu überholen" indem du dasselbe getan hast? Und erst im Business: „Deine Mitbewerber überholst du nie, indem du sie kopierst. Du bist und bleibst immer mindestens einen Schritt hinter ihnen."

Deswegen brauchst du nicht gleich alles selber neu zu erfinden. Studiere die anderen. Lasse dich von mehreren Varianten und Ausführungen kreativ inspirieren. Paare die Erkenntnisse mit deinen persönlichen Stärken und dann mache dein eigenes Ding!

Wenn du jetzt denkst, das sei nur ein Kapitel für Geschäftsleute, dann irrst du dich gewaltig. Spätestens wenn zwei Menschen ein und denselben, möglichen künftigen Partner umwerben, sind deine Chancen wesentlich größer, wenn du andere Ideen hast, als deine „Mitbewerber" nachzuäffen…☺

Wie du in den Wald rufst, so hallt es zurück

(Volksweisheit)

Eine Weisheit, die du sicher schon kanntest, oder? Doch wie steht es mit dem Umsetzen im Alltag? Höre bewusst anderen Menschen zu und entdecke, wo du dich selber bei der Nase nehmen kannst. Hier ein paar Beispiele:
„Die Kinder werden dauernd zurechtgewiesen und angeschrien. Die Eltern zanken über alles und jedes. Der Chef kritisiert nur, anstatt auch mal das Gute zu sehen und zu loben. Dem Partner oder der Partnerin werden dauernd Vorwürfe gemacht; andere Menschen mit Worten und Taten traktiert. Am Stammtisch wettern sie über Gott, die Welt und die Politik. Der Nachbar wird schikaniert, weil man ihn nicht mag…" usw.
Mit dem „in den Wald rufen" sind also nicht nur Worte, sondern genauso Gedanken und Taten gemeint. Alles was du denkst, sprichst und tust… (ups… in Gedanken, Worten und Werken – auch schon gehört?) …also, alles was du denkst, sprichst und tust sind Signale, die du in den „Wald des Universums" sendest. Sie werden wie eine Bestellung behandelt und eines Tages kriegst du die Lieferung. Darum: „Überlege gut, was du geliefert bekommen möchtest."
Ich wünsche dir viel Spaß beim „Bestellen".

Es ist besser, eine Kerze anzuzünden…

„…als über die Dunkelheit zu klagen!" Achte einmal darauf, worüber sich die Menschen beklagen: „Den ruppigen Nachbarn, die frechen Kinder, den Schei…- job, den arroganten Chef, dumme und motivationslose Mitarbeiter, die schlecht kochende Partnerin, den lauten Verkehr, die Dummköpfe in der Politik, den rücksichtslosen Rüpel im Strassenverkehr, Menschen aus dieser und jener Kultur, usw." Ich bin sicher, du kennst noch viele andere Punkte, diese Liste weiter zu führen.

Und was tun wir außer klagen? Richtig, meistens nichts! Ach, doch – wir fühlen uns auch noch schlecht dabei. Und das soll's gewesen sein? Viel wertvoller und aufbauender ist es doch, wenn du aktiv etwas zur Veränderung beiträgst – (d)eine Kerze anzündest, damit es ein wenig heller wird. Selbst wenn du nur einen Teil dazu beitragen kannst: „Tue es. Leiste deinen Beitrag!" Du wirst entdecken, dass du dich sofort besser fühlst.

Beklage nur die Dinge, zu deren Veränderung du etwas beizutragen bereit oder in der Lage bist! Dann aber handle!

Wenn ich doch nur…

„Ja, wenn ich doch nur nie dieses große Haus gekauft hätte…
Wenn ich mich doch nur nicht selbstständig gemacht hätte…
Wenn ich doch nur keine Zeitschrift herausgegeben hätte…
Wenn ich doch nur nie aufgehört hätte, in der Werbung und
dem Marketing als Kreativberater und -designer zu arbeiten…
Wenn ich doch nur nie den Dieter kennengelernt hätte…
Wenn ich doch nur nie mit dem René zusammen gearbeitet
hätte… Wenn ich doch nur nie die Idee mit der IP-Vision
gehabt hätte…" Ja, und – was wäre dann? Bevor ich dir dies
verrate, sollst du wissen: „Alle obigen „Wenn ich doch nur…"
sind tatsächlich passiert und sie haben mein Leben, gelinde
gesagt, sehr geprägt!" Ja, was wäre dann? Ganz einfach: „Es
gäbe kein IP-Institut, keine Mental-Coach und -Trainer-Aus-
bildung VSMPT, keinen ACN-META-Prozess, keinen Band 1
„Vom Kopf ins Herz", kein TEMPORAL-Buch, kein Dankbarkeitsbuch, keine CD-Programme, kein „Dreh den Schlüssel…"
und du hättest dieses Buch jetzt nicht in deinen Händen!"
Alles hatte seinen Nutzen, seine Aufgabe. Es hat jeden einzelnen Schritt gebraucht, dass es so ist wie's ist. Darum: „Nutze
alle Fort-Schritte deines Lebens, auch die unangenehmen, sie
sind die lehrreichsten. Sei dankbar, dass es sie gibt!

Ergreife deine Schlüssel und überprüfe sie, damit sich die Türen
deines Lebens öffnen und dir das wunderbar Verborgene offenbaren
können. Ich wünsche dir die schönste Entdeckungsreise,
die du dir erträumen kannst.

VII.

Schlüssel-
erlebnisse?

Schlüsselfrage
des Tages

„Was kann ich heute tun, um…?" Eine meiner Schülerinnen fragte einmal… Moment, stopp, erst die Ausgangslage – und diese war so: „Zwei Tage lang hatten wir intensiv an sogenannten Zielerreichungstechniken gearbeitet; sind die Übungsreihe Lebensziele I bis III durchgegangen; haben die 7-Stufen-Erfolgsformel kennen gelernt; mit der SMART-Formel den Traum, die Vision, das Projekt oder das persönliche Ziel abgecheckt; dann das ultimative und klare Ziel nach den drei Grundregeln der Suggestionen und Affirmationsbeschreibungen liebevoll zu Papier gebracht…"

Da meldete sich eine Schülerin und meinte seufzend: „Weißt du Franz X., das ist ja alles gut und recht, ja, sogar genial. Doch jetzt, wo mir klar ist, was ich will und ich das ganze Projekt vor mir sehe, fühle ich mich total erschlagen und weiß nicht, woher die Kraft nehmen, es anzupacken. Was jetzt?" Wortlos drehte ich mich um, ging zum Flipchart, nahm theatralisch einen dicken, leuchtend roten Schreibstift zur Hand und schrieb in großen Lettern:

„Was kann ich heute tun, um wieder einen Schritt weiter in Richtung meines Zieles zu kommen?"

Schlüsselfrage der Selbstzerstörung?

„Warum immer ich?" Warum trifft es immer mich? Warum plagen die anderen immer nur mich? Warum passiert dieses und jenes immer nur mir? Warum, warum, warum? Das ist definitiv die falsche Frage, denn sie treibt dich in die Opferrolle! Frei nach dem Motto: „Ach, ich armer Mensch. Alle haben es nur auf mich abgesehen. Immer trifft es mich."

Als Opfer fühlst du dich machtlos den Dingen ausgeliefert. Solche Fragen untergraben dein Selbstbewusstsein und -vertrauen aufs Gröbste! Willst du das? Soll es so weiter gehen? Nein? Dann fange an, eine andere Einstellung aufzubauen und neue Fragen zu stellen!

Einstellung: „Das ist aber interessant, dass es wieder mich getroffen hat. Ich frage mich, welche Gedanken, welche Glaubenssätze dahinter stecken könnten?" Und wenn du sie gefunden hast, heißt es „neue Sätze formulieren und verankern"! Wie? Ganz einfach. Schreibe auf, wie du es in Zukunft haben möchtest und zwar mit der Formulierung:

„Ich…(Vorname) bin ab jetzt…… . Immer wenn folgende Situation eintrifft, dann agiere ich…(Vorname) ab sofort folgendermaßen: …!"

Schlüsseleinstellung armer Menschen?

„Die anderen sind schuld!" Die Wirtschaft läuft schlecht. Es ist Rezession, da kann man doch nichts aufbauen. Wenn nur mein Chef nicht wäre, dieser... Wenn die Idee gut wäre, dann hätten dies doch andere schon lange gemacht. Wenn mir meine Chefin mehr Lohn gäbe, würde ich auch mehr dafür tun, aber so... Ich hätte da schon noch einige Ideen, die für die Firma super wären, aber dann kassieren nur wieder die Oberen in der Teppichetage und ich habe nichts oder nur wenig davon. Weißt du was: „Übergib weiterhin deine Macht den anderen!"

Oder: „Ich will doch gar nicht mehr. Ich bin schon zufrieden, wenn ich gesund bin und eine Arbeit habe. Glück in der Liebe, Pech im Geld." Weißt du was: „Dir geschehe nach deinem Glauben!"

Oder: „Immer diese Reichen. Soviel Geld, das kann doch nicht ehrlich verdient sein. Geld verdirbt den Charakter. Viel Geld ist dreckig." Weißt du was: „Wenn Geld zu deinen Freunden zählen soll, dann musst du es in dein Leben einladen und nicht darüber wettern und schlecht reden!" Ups, das war hart, aber herzlich... ☺

Schlüsselfragen des Erfolges?

„Wie, was, womit?" Tja, wer hätte das gedacht, dass Schlüsselfragen des Erfolges aus so wenig Worten und Buchstaben bestehen? Diese Frageformen, du hast natürlich recht, sind nur die einleitenden Worte. Doch genau sie ziehen ganz automatisch aufbauende und zielgerichtete Formulierungen mit sich! Mit ihrer Hilfe kannst du nur nach vorne gerichtete Antworten erzeugen – und diese sind naturgegeben lösungsorientiert.

Erfolg ist das, was kommt, was erfolgt. Schaue vorwärts. Frage vorwärts. Du steuerst dein Auto auch mit Blick nach vorne. Oder verklebst du die Frontscheibe mit schwarzer Folie und fährst dann mit Blick in den Rückspiegel? (Dann sag' mir bitte, wann du auf der Straße bist ☺)

Hier je ein Beispiel zu den Erfolgsformulierungen: „Wie muss ich es angehen, um sicher zu sein, dass…? Was sollte ich noch wissen oder bedenken, damit mir dieses Projekt 100%ig gelingt? Womit kann ich es ermöglichen, dass…?" Die Frage nach dem „Warum" hingegen ist vergangenheitsbezogen. Sie ist nicht prinzipiell falsch, ja, manchmal sogar nötig, doch meistens führt sie zu einem überflüssigen Umweg.

Schlüsselfragen
des Friedens?

„Was liebe ich an mir und meinem Leben?" Hast du erwartet, dass hier Fragen und Antworten stehen, wie du
aggressive, gierige Regierungen davon abhalten kannst,
Kriege anzuzetteln? Das wäre eine Idee, doch scheint sie
zu weit weg. Wo beginnt dann der Friede auf Erden? Bei
den Politikern? Den Präsidenten? Dem Militär? Den Terro-
risten? Den Priestern? Dem Vatikan? JEIN! (Natürlich, da
auch – da dies ja auch einzelne Menschen sind...)
Frieden beginnt bei dir und mir! Und wie erzeugen wir
friedvolle Gedanken? Indem wir anfangen, uns und unser Leben zu lieben. Ja, wer sich selbst als menschliches
Wesen wirklich liebt, beginnt mehr und mehr die ganze
Schöpfung zu lieben. In wessen Herzen aber die Liebe
lebt, dort ist kein Platz für Krieg.

Das ist unmöglich!
Also, lass uns starten, bei uns: „Ich liebe mein Leben. Ich
liebe meinen Körper. Ich liebe meine Gaben und Fähigkeiten. Ja, ich liebe und akzeptiere mich voll und ganz. Ich
liebe den Umgang mit Menschen, die Menschen lieben
den Umgang mit mir. Friede sei mit dir. Schön, dass es
dich gibt."

Schlüsseleinstellung wirklich reicher Menschen?

„Schau mal, diese schönen Lichter, wie die sich im See spiegeln. Schau mal, dieser Sternenhimmel und der Mond. Ist das nicht fantastisch? Und hier, schau mal, wie lieb und herzig diese Kinder spielen. Und hier, wie die Frösche quaken und mit ihren Glupschaugen den Fliegen zusehen. Och, und wie schön dieses Jahr wieder diese Rosen blühen. Rieche mal, wie fein das duftet…

Ist es nicht wundervoll, das kräftige Grün unserer Wiesen und Wälder. Und dass wir so sauberes Wasser haben, ist einfach genial. Ach ja, und dass ich zur Schule gehen durfte und heute lesen und schreiben kann, das ist einfach toll. Natürlich danke ich auch für meinen Job. Was ich da lernen kann. Aber schau doch auch mal meine Gesundheit. Ich kann mich so bewegen, wie ich will.

Ja, die Welt, meine Welt ist voller Reichtum. Ich bin wirklich reich!" Die Schlüsseleinstellung? „Um reich zu werden, entdecke den Reichtum in deinem Leben. Fühle dich reich!"

Schlüsseleinstellung für ein reiches Leben – zum Zweiten?

„Ich liebe, was ich tue – ich tue, was ich liebe." Oft scheint dies schwieriger zu sein, als es klingt, ich weiß. Viele Menschen tun täglich Dinge, allein um Geld zu verdienen. Ist dies wirklich ein Gefühl inneren Reichtums? Kaum, oder? Gut, dann starten wir. Der erste Schritt lautet: „Liebe, was du tust." Warum? Weil du dich dabei viel besser fühlst, kaum ausbrennen wirst und mit Sicherheit noch bessere und zuverlässigere Arbeit verrichtest.

Natürlich kann es schwierig sein, alles an seiner Arbeit zu lieben. Dann frage dich selber: „Was könnte ich an XYZ denn lieben und warum? Was tragen diese Erfahrungen, das dabei gewonnene Knowhow zu meinen Träumen bei?" Erst jetzt ist es Zeit für den zweiten Schritt, mehr von dem zu tun, was du liebst. Du liebst es, Kindergeschichten zu erzählen? Erzähle Kindergeschichten!

Du liebst es, zu schreiben? Schreibe! Du liebst es, Autos zu reparieren? Dann repariere Autos! Du liebst es, Menschen zum Lachen zu bringen? Tue es! Bringe Menschen zum Lachen! Verwirkliche dich, Schritt für Schritt!

Schlüsselfragen, wenn es scheinbar nicht weiter geht?

Analysiere: „Wo stecke ich fest? Nein, präziser, wo ganz genau? Welche Einzelheiten und Details gehören zu diesem Problem? Was scheint nicht zu klappen? Welchen Berg sehe ich vor mir, der mich so beeindruckt?"

Ich durfte die Erfahrung machen, dass wir nur dann das Gefühl haben, es ginge nicht weiter, wenn wir den Berg als Ganzes vor uns sehen. In dem Moment, wo du hingehst und ihn in Einzelthemen „zerlegst" wird es zigmal einfacher, Wege und Lösungen zu erkennen.

Und genau das ist bereits der Anfang vom Ende des Problems! Wir verdauen nun mal kleine und „mundgerechte" Stücke besser als ganze Berge! Dir fehlt es noch an Power und dem Glauben, dass es für dein Thema Lösungen gibt? Dann kann folgende Formulierung helfen: „Mal angenommen, das Teilthema X wäre gelöst – und ich bin sicher, dass es eine Lösung gibt – also, angenommen, es ist gelöst, wie würde sich das anfühlen? Wie sähe dies aus? Woran würde ich klar erkennen, dass es gelöst ist und ich einen Schritt weiter bin?"

(Auszug aus dem Buch „Temporal, die Königssprache der Kommunikation")

Schlüsselfragen, wenn du dich ärgerst?

Als erstes möchte ich gleich zu Beginn festhalten: „Es gibt nichts, das dich ärgert!" Es gibt nur Dinge, Situationen und Menschen, worüber du dich ärgerst. Die Betonung liegt auf „du dich". Niemand kann in dir ärgerliche Gefühle auslösen, wenn du es nicht zulässt!

Das ist zwar leichter gesagt als gelebt, aber einfach genial! Es bedeutet, dass es an dir liegt, dass die Macht, es zuzulassen, in deinen Händen ist! Natürlich kenne auch ich den Ärger, ich bin ja kein übernatürliches Wesen...☺ Doch, wann immer in mir ärgerliche Gefühle aufkommen, frage ich mich konsequent: „Was genau hat dieses Gefühl ausgelöst? An welche vergleichbaren Situationen aus früheren Zeiten erinnert es mich? Situationen, die ich vielleicht noch nicht harmonisiert habe?"

Und dann führe ich umgehend eine Mentalübung durch, um diese Gefühle loszuwerden. Ein bewährtes Werkzeug ist die „Bild in Bild"-Übung, oder noch stärker, die „Dynamind-Technik". Die genauen Anleitungen dazu findest du auf der IP-Homepage. Viel Erfolg und harmonische Gefühle!

Schlüsselfragen für mehr Geld?

Es gibt prinzipiell drei Möglichkeiten, zu mehr Geld zu kommen:

Mehr Einkommen: „Was kann ich in meinem Job tun, um...? Welche Weiterbildung kann mir helfen, um Karriere zu machen? Welche Zusatztätigkeiten kann ich/meine PartnerIn ausüben? Wie kann ich mit meinem Hobby Geld verdienen? Was brauche ich nicht mehr, das sich verkaufen/www-versteigern liesse?" Erstelle eine kreative Liste mit allen möglichen Einnahmequellen. ALLE!

Weniger Ausgaben: „Welches sind meine festen, periodisch wiederkehrenden Ausgaben? Welche davon lassen sich streichen oder reduzieren? Welche Gewohnheiten kosten mich monatlich wieviel?" Erstelle eine ausführliche Liste mit allen Ausgaben. ALLE!

Geldvermehrung: „Welche Anlage- und Investitionsformen kommen für mich in Frage? Welche Möglichkeiten gibt es, Geld in mich zu investieren? Ausbildung? Weiterbildung? Eigenes Geschäft?" Am besten setzt du auf alle drei, entsprechend deinen persönlichen Möglichkeiten. Viel Erfolg!

Schlüsselfähigkeit, die das ganze Leben verändern kann?

(Teil 1)

„Werde VerkäuferIn!" Ups, ich höre schon den leisen Aufschrei einiger Leserinnen und Leser: „Was, ich soll jetzt auch noch VerkäuferIn werden?" Grundsätzlich – JA! Warum? Die besten Verkäufer verfügen über die Fähigkeit, jederzeit und schnell „in die Mokassins" des anderen zu schlüpfen, sich in deren Lage zu versetzen, hinein zu fühlen und auf die alles umfassende, in jedem von uns tickende, unausgesprochene Frage die Antwort zu wissen oder spüren.

Diese Schlüsselfrage lautet:
„Was habe ich davon?" Du hast eine Idee? Du musst „verkaufen"! Du möchtest deine Kinder oder deinen Partner überzeugen, etwas Bestimmtes zu tun oder unterlassen? Du „verkaufst"! Du möchtest mehr Lohn? Du bist schon wieder am „Verkaufen"! Du bist Priester und möchtest dein Schäflein zum Glauben führen? Du „verkaufst"! Du willst in einer Gruppe deine Meinung/Sichtweise einbringen? „Du verkaufst"! Du „verkaufst" immer!

Schlüsselfähigkeit, die das ganze Leben verändern kann?

(Teil 2)

Normalerweise sind die Kapitel „nur" einseitig. Doch konnte ich es nicht verantworten, dir diesen Teil vorzuenthalten. Er ist in meinen Augen eine wichtige Ergänzung zu Teil 1.

Fassen wir zusammen: „Du verkaufst immer!" Du kannst nicht glauben, dass diese Fähigkeit dein ganzes Leben verändert?

Frage: „Mit welchen Menschen bist du am liebsten zusammen, fühlst dich am wohlsten? Mit Menschen, die nur auf sich zentriert sind? Gefühlstrottel, die nicht merken, wenn sie jemandem auf die Füße treten? Solchen, die kein Gespür für die Bedürfnisse anderer haben?"

Oder lieber mit: „Menschen, die sich sofort in deine Lage versetzen und dich verstehen können? Die, weil sie den Umgang mit den Menschen lieben, in dir ein wertvolles, schöpferisches Wesen sehen und dich auch so behandeln? Solche, die aufmerksam, liebevoll, einfühlsam, verständnisvoll und doch klar in ihrem Denken und Handeln sind?"

Siehst du, das sind die „Verkäufer", die ich meine!
Willst du immer noch kein(e) VerkäuferIn sein?

Liebe und lebe deine Träume. Sie bringen dich bereits rein gedanklich zu den schönsten Gestaden unseres wundervollen Planeten. Lass dich liebevoll tragen auf den Wellen deiner Ideen, Wünsche und Ziele.

VIII.

Von 0 auf 100 – unterwegs zum Traumleben?

Dein Leben – wie möchtest du es haben?

Diese Frage zu beantworten fällt vielen Menschen schwer. Warum? Weil die meisten haargenau wissen, was sie nicht wollen und keinen Schimmer haben, was sie wirklich möchten.

Die allererste Stufe der Veränderung ist also, dass du dir klar wirst, wie du „es" haben möchtest. Daran führt kein Weg vorbei!

Wie möchtest du sein: „Liebevoll, sportlich fit, ausgeglichen, gepflegt, pünktlich?" Welche Tätigkeit soll dich ernähren: „Dein gelernter Beruf, dein Hobby, etwas Neues und Verrücktes, Selbstständigkeit?" Wer möchtest du sein: „Liebe Mama, lieber Papa, Vereinspräsident, Politiker, Verwaltungsrat?" Schreibe auf, wer, was, wie du sein möchtest, wie dein Leben aussehen soll in den Bereichen: „Geld und Reichtum, Beruf – Berufung, Freizeit und Hobby, Gesundheit und Ernährung, Familie, Partnerschaft." Lies diese Liste jeden Abend vor dem Einschlafen durch und stelle dir vor, wie all' dies bereits Realität ist! „Um zum Ziel zu kommen, werde zum Ziel!" (ein Kapitel in diesem Band)

Ich behaupte nicht, dass es immer so einfach ist. Doch denke daran: „Gar nicht anzufangen verändert überhaupt nichts!"

(M)ein Traumleben ist es, wenn…

Ja, wann ist denn nun das Leben ein Traumleben? Wenn alle anderen sagen: „Oh, so möchte ich es auch haben, das muss doch einfach traumhaft sein?" Wohl kaum. Ich denke, die Antwort darauf ist so unterschiedlich wie die Menschen.

Der Maßstab sind nicht die anderen, der Maßstab bist du! „Und wie komme ich denn nun endlich dazu, mein Traumleben zu leben," meinst du? Sorry, keine Ahnung, ich kenne ja deine klaren Träume nicht! Ups, sie sind dir auch noch nicht ganz klar? Oh, oh, oh… Dann wird es schwer, dein Traumleben zu bestellen…

Gut, fangen wir ganz vorne an: „Träume dein Leben und dann lebe deinen Traum." (Beachte die Reihenfolge!) Das ist schon alles. Einfach, gell? Es ist wahr. Genau so fängt es an. Erst einmal sollst du stunden-, tage- und wochenlang über dein Wunschleben „tagträumen". Und wenn du es dann in allen Teilen siehst und fühlst, bist du bereit für die nächsten Schritte. Dann heißt es „TUN"!

(Die Erfolgswerkzeuge im Band 1, S. 56 - 71, sind dazu wertvolle Hilfen.)

Wünsche und Träume sind Vorboten

Richtig: „Unsere Wünsche und Träume sind Vorboten dessen, was wir zu erreichen imstande sind!" Oft höre ich, dass Menschen an ihren eigenen, grossen Träumen erschrecken. Sie haben keine Idee, wie diese erreichbar sein könnten. Fazit: „Sie sind frustriert und lassen es sein." Schade, denn es ist so. Du kannst keine Wünsche und Träume hegen, die nicht mit dir zu tun haben. Selbst die fantastischsten Ideen sind möglich.

Einzige und ultimative Grundvoraussetzung: „Du musst absolut sicher, bedingungslos und frei von geringsten Zweifeln daran glauben können!" Bist du bereit, alles – und ich meine alles – dem Erreichen deiner Träume zu unterordnen? Nein? Auch das ist o. k. Dann passe die Größe deinen Möglichkeiten und deiner Bereitschaft an. Oder teile deinen ganz großen Wunsch in kleinere Teilwünsche auf. Diese sollen nur so groß sein, dass du wirklich daran glauben kannst. Sonst heißt es, noch mehr verkleinern. Du gibst damit deinen ganz großen Traum nicht auf. Du unterteilst ihn nur in glaub- und machbare Etappen. Und jede Etappe, die du erreichst, stärkt deinen Glauben an die Erreichbarkeit deines ganz grossen Traumes! Ich wünsche dir ein traumhaftes Leben!

Fantasien, (d)ein Nährboden?

Jeder Mensch hat und kennt sie, die Fantasien. Manche sind und bleiben Hirngespinste, andere münden in Ideen, die die Welt bewegen. Doch allzu oft werden solche faszinierenden und wundervollen Gedanken durch uns selber vorzeitig abgewürgt, nach dem Motto: „Wenn das etwas wäre, dann hätten dies intelligentere und reichere Menschen schon lange getan." Schade, wirklich schade!

Die Fantasie ist eine der Vorstufen, über die dein Unbewusstes Dinge offenbart, die tief in dir schlummern, zu denen du in irgendeiner Form fähig bist, sonst wären es nicht deine Gedanken!

Lasse sie zu. Spinne die Fäden weiter. Begrenze dich nicht. Deine Fantasien haben es verdient, von dir ernst genommen zu werden!

Und denke immer daran:
„Die Fantasien sind der Nährboden deiner Ideen!"

Um zum Ziel zu kommen, werde zum Ziel

Auf den ersten Blick eine doch etwas eigenartige Aussage… „werde zum Ziel". Einleuchtend wird sie, wenn du das ganze quantenphysikalisch betrachtest. Wenn alles eine Form von Energie, Schwingung ist, wird manches klarer. Es ist nichts anderes, als eine nachvollziehbare Interpretation der Resonanzregel, des Grundgesetzes unseres Seins – Aktion und Reaktion, Säen und Ernten.

Mir hat die Entdeckung dieses Satzes echt geholfen, mich weiter zu entwickeln. „Um zum Ziel zu kommen, werde zum Ziel" heißt nichts anderes, als: „Wenn du etwas erreichen willst, beginne in dir kraftvolle, innere Bilder – eben, Resonanzen – aufzubauen von dem, was dein Ziel ist, wohin dich dein Leben führen soll."

Du möchtest erfolgreich sein? Sammle Erfolgsbilder und Resonanzen, werde zum Erfolg! Du möchtest liebevoll und tolerant sein? Sammle liebevolle und tolerante Resonanzen, werde zu Liebe und Toleranz! Du möchtest reich sein? Sammle Resonanzen des absoluten Reichtums, werde zum Reichtum! Und sehe dich selbst in allen diesen inneren „Filmen", so emotional und kraftvoll wie möglich!

Ideen sind die Perlen der Zukunft

Heute noch eine Idee und morgen vielleicht schon ein weltveränderndes Produkt? Ideen sind Samen! Und ich meine: „Ist es nicht fantastisch? In einem winzigen Apfelkern beispielsweise schlummert bereits der ausgewachsene Baum!" Dieser kleine Samen birgt tief in sich das ganze Potential, die gesamten Informationen eines großen Baumes!

Und wie das so ist mit den Samen. Die einen fallen auf fruchtbaren Boden, die anderen zuerst auf steinigen Grund. Das Gute daran: „Auch die Samen auf dem steinigen Grund behalten ihre volle Kraft zum Wachsen. Stimmt das Umfeld, bläst sie der Wind auf fruchtbare Erde, kommen Wasser, Sonne und Wärme dazu, beginnen sie zu sprießen. Erst zaghaft und dann immer kräftiger!"
Genauso war es mit der Idee zum ersten Buch „Vom Kopf ins Herz". Auch sie war erst ein zarter Samen, doch mit jeder geschriebenen Seite wurde er kräftiger und kräftiger. Ja, es ist die verrückte Fantasie, aus der die „Samen der Ideen" sprießen. Ideen, aus denen deine Perlen der Zukunft wachsen, wenn du es zulässt und sie pflegst!

Ziele
hoch bis zum Mond, ...

(Les Brown)

„... auch wenn du ihn verfehlst. Du wirst doch unter den Sternen landen." Dieses Zitat, gefällt mir ganz besonders. Hab Visionen, große Wünsche, Träume und Ziele. Selbst wenn du sie nie erreichen solltest, kommst du doch viel weiter, als mit den kleinen! Es ist so schade, dass wir uns immer wieder selber einschränken. Warum? Sind denn Einschränkung oder unermesslicher Überfluss Grundprinzipien der Schöpfung? Was meinst du?

Oft glauben wir, dass der Überfluss auf Erden einseitig verteilt sei. Vielleicht ist aber gerade das eine Bestätigung, dass diese anderen es sich zu Eigen machten, groß zu denken?

„Think big" und die Chancen, aus deiner Sicht Großes zu erreichen, wachsen mit deinen Gedanken. Es sind die scheinbar unerreichbaren Visionen, die kreative Schubladen öffnen. Nicht die sich selbst beschränkenden Miniaturen.

„Was sind deine verrückten Ideen? Welche Visionen sind dir schon zugefallen, die du schnell wieder abgewürgt hast?"

Gib deiner Idee einen Namen

Warum, um Himmels Willen, soll ich meinen Ideen, Projekten, den Zielen oder meinem Traumleben einen Namen geben? Ich weiß doch, was damit gemeint ist. Sicher? Ganz sicher? Natürlich zweifle ich keinen Moment, dass du deine Ideen, Projekte, die Ziele oder dein Traumleben bestens kennst. Gerade deshalb die Frage: „Welchen „Objekten" gibst du normalerweise einen Namen?"

Richtig, den Kindern, deinem Hund, deiner Katze, deinen Kühen und anderen Lebewesen. Doch, erinnerst du dich? Früher, da hatten auch deine Puppe, dein Teddy und viele anderen Spielsachen einen Namen. Doch das ist lange her und Kindersache. Wirklich? Damals hast du es noch gewusst, dass Dinge, die dir wichtig sind, einen Namen brauchen, damit du mit ihnen sprechen und sie zu dir rufen konntest, die meisten zumindest …☺

Ich fordere dich auf: „„Taufe" alles, was dir wichtig ist! Dann kannst du deine Projekte, Ziele, dein Traumleben liebevoll ansprechen und einladen, in dein Leben „zu kommen"." Vielleicht belächelst du diese Idee, doch ACHTUNG, sie ist stärker, als du ahnst!

Ja, ich will

Am Anfang steht die Willenserklärung. Das ist nicht nur in der Ehe so, das gilt für alle Veränderungen. Zuerst musst du etwas „wollen", erst dann hilft dir dein Supercomputer „Gehirn", Wege und Mittel zu finden! In den Worten „ich will" steckt aber noch viel mehr. Gönne dir bitte folgenden Test: „Spüre in dich hinein und fühle, was geschieht, wenn du erst die schlaffe und danach dir kraftvolle Version anwendest."

- Ich möchte gerne ein …… haben.
- Ich möchte einmal …… sein.
- Es wäre schön, wenn ich einmal …… wäre.
Und jetzt …
- Ja, ich will ….. haben.
- Ja, ich will definitiv ….. sein.
- Ja, ich will …… sein. Danke, dass ich …… bin."
Und, wie war es?

Wenn es dir halbwegs gelungen ist, für den Moment dieses Tests deinen Alltag abzuschalten und dich auf die unterschiedlichen Gefühle zu konzentrieren, dann bin ich sicher, dass du den Unterschied gespürt hast. Also stellt sich nur noch eine Frage: „Willst du künftig die kraftvolle anstelle der schlaffen Variante leben?"

„Wirklich innovativ wird man, wenn etwas daneben gegangen ist"

(Woody Allen)

Ich weiß nicht, ob dieses Zitat wirklich auf alle Innovationen zutrifft. Was ich jedoch mit Sicherheit bestätigen kann: „Bei mir war es so!" Hätte ich in der Immobilienkrise Anfang der 90er Jahre nicht einen gewaltigen Schuh rausgezogen, wären wahrscheinlich kein IP-Institut, keine Mental-Coach- und -Trainer-Ausbildung, kein ACN-META-Prozess und keines der vielen Bücher entstanden. Sie alle wurden, wie Phönix aus den Trümmern und der Asche meiner selbst kreierten Krise (… heißt Wendepunkt) geboren. In solchen Momenten gibt es nur zwei Möglichkeiten: „Resigniere und geh unter oder werde innovativ und zieh dich aus dem Sumpf!"

Welche einschneidenden Erlebnisse hast du schon gehabt? Was hast du daraus für dich gelernt? Wie und womit hast du dich da herausgeholt? Welche ganz speziellen Erfahrungen deines Lebens gründen auf einer Krise? Welche Erlebnisse machen dich in einem bestimmten Bereich zu einem wertvollen „Berater"? Was hast du aus eigener Kraft gemeistert, worauf du stolz bist?

Gönne dir einen Moment und denke darüber nach. Du bist Spitze, du bist wertvoll. Ja, du bist einmalig!

Eine physikalische Grundformel für Erfolg?

Neiiin Bühler, du und deine Physik! Was soll das schon wieder? Du hast vollkommen richtig erkannt, dass die Physik, speziell die Quantentheorie, eines meiner Steckenpferde ist. Warum? Weil ich es liebe, Dinge nicht nur glauben zu müssen, sondern auch nachvollziehen will, warum sie funktionieren. Die langwierige Suche lohnte sich und ich freue mich, dir heute diese Formel zu präsentieren. Hier ist sie:

Erfolg = Resonanz x Power x Konzentration

Die Resonanz steht für die Information in Form von Gedanken, Bildern, Überzeugungen, Werten, Worten und deinen Metaprogrammen der Selbste. Power steht für die Gefühle, welche du mit den Resonanzen verbindest. Keine Gefühle heißt geringe Chancen, dass etwas Sichtbares geschieht. Starke Gefühle wie Freude, Liebe, Motivation und Begeisterung verstärken die Wahrscheinlichkeit des Eintreffens um Faktoren!
Und die Konzentration brauchst du, um deine Energie zu bündeln, anstatt nach dem Gießkannenprinzip zu verschleudern! So einfach kann Physik sein. Ich wünsche dir viiiel Erfolg!

Fange an zu wachsen und erblühen, egal in welchem Sumpf du stehst. Mach es wie die Lotusblume. Erfreue die Menschen mit den herrlichen Blüten deiner Gaben und Fähigkeiten.
Du bist einmalig und es ist schön, dass es dich gibt.

IX.

A Über das nfangen und mehr - ja, fange an!

Der Anfang ist die Hälfte vom Ganzen

(Aristoteles)

Hast auch du schon Arbeiten vor dir hergeschoben? Vielleicht, weil dich das Ganze nicht wirklich begeisterte? Ich gebe zu, auch bei mir gibt es so etwas. Es ist die Administration. Ich tue einfach andere Dinge viel lieber und ziehe diese regelmäßig den administrativen Pflichten vor.

Doch in der Vergangenheit habe ich in solchen Fällen immer wieder erlebt, wie recht unser lieber Aristoteles damit hat. Es war und ist in solchen Momenten ganz einfach der liebe Anfang. Einmal gestartet, gehen die Dinge meist recht flott von der Hand. Warum also warten, wenn doch schon das Wissen, was alles noch ansteht, so viel Kraft kostet? Deshalb folgende Idee: „Erstelle eine Liste mit allen Dingen, die du noch erledigen willst oder musst. Dann schreibe zu jeder Position, wie und womit du dich belohnen wirst, wenn sie aufgearbeitet ist." So arbeitest du nicht mit dem Ziel, Dinge endlich zu erledigen, sondern dir eine Belohnung zu verdienen… ☺

Viel Spaß und …!

(Sorry, bin schon weg. Arbeite an meiner Liste …)

Dass wir beginnen, ist unser Ziel

(Sulamith Sparre)

Um zum Ziel zu kommen, starte. Auch der längste Weg beginnt mit dem ersten Schritt. Warst du auch schon einmal auf einer Wandertour? Dann kennst du wahrscheinlich das schwere Gefühl des ersten Schrittes nach einer Rast? Und die Erfahrung, dass es nach einigen entschlossenen Schritten wieder viel leichter, ja beinahe von alleine „mit dir läuft"?

Genauso ist es mit deinen Wünschen, Träumen und anderen Zielen. Fange an, gehe den ersten Schritt und jeden weiteren. Jeder neue Schritt ist wieder ein Anfang. Der Anfang vom Rest des Weges, der Anfang vom Rest des Lebens. Auf den Punkt gebracht heisst dies: „Höre nie auf anzufangen – fange nie an, aufzuhören."

Schon wieder einer dieser klugen Sprüche, den du schon kanntest, der dir aber trotzdem nicht weiterhilft? Dann begeistert dich mit Sicherheit die Idee des Psycho-Dynamites „Belohnen".

(Band 1 – Seite 68 – „die 7 Stufen zum Erfolg – kontrollieren und belohnen")

Glück ist eine Reise, nicht das Ziel

(Armin)

Ja, ja, das liebe „Wenn … dann". Wenn ich dieses Auto habe, dann … Wenn ich diese Prüfung bestanden habe, dann … Wenn ich im Lotto gewonnen habe, dann … Wenn meine Kinder einmal gross sind, dann … Wenn ich reich bin, dann …

Weisst du was, das ist nachvollziehbar und menschlich. Die meisten Menschen haben solche „Wenn …- dann"-Muster und machen so ihr Glücklichsein vom Eintreffen eines bestimmten Ereignisses oder Resultates abhängig. Sorry, das ist absoluter Nonsens! Was ist, wenn du das Ziel nicht ganz erreichst? Richtig, das gibt Frust. Viel Arbeit, ein mühsamer Weg und am Schluss keine Krönung.

Darum: „Sei jetzt und hier glücklich. Liebe den Weg. Er gehört zum Ziel. Ja, er ist das Ziel!" Wenn nicht jetzt sich glücklich fühlen, wann bitte dann? Es gibt kein „Morgen", denn wenn das „Morgen" kommt, ist es schon wieder heute …

Am Anfang war die Freude

(Zenta Maurina)

Hast du schon einmal eine Aufgabe mit Widerwillen anpacken müssen? Du warst demotiviert? Wärst am liebsten schon vor dem Anfangen fertig gewesen? Gedanken, wie: „Wenn das doch nur jemand anders für mich erledigen könnte. Ach, wie wäre ich da glücklich…" Glaubst du wirklich, dass du glücklicher wärst? Warum, denkst du, steht diese Aufgabe vor dir? Damit andere sie erledigen? Nein! Es gibt keine Zufälle. Sie ist für dich!

1. Überlege dir: „Was kannst du dabei lernen, wen kennen lernen, welches Knowhow gewinnen?" Bedenke dabei: „Selbst größte Erfindungen entstanden, weil jemand für etwas, das ihm Mühe bereitete, eine Erleichterung suchte und fand." (Büroklammern, Post-it Zettel, Elektrizität, Licht usw.)

2. „Beame" dich in Gedanken in die „Sekunde danach", den Moment, wo alles erledigt ist: „Wie fühlst du dich? Wie stolz bist du auf dich? Was hast du dazugelernt?"

Und jetzt lege los. Lasse dich von der oben gewonnen Vor-Freude durch die Aufgabe „tragen".

Am Anfang steht der Glaube, am Ziel die Schau

(Maxim Gorki)

Am Ziel die Schau, könnte auch bedeuten: „Wenn du am Ziel angekommen bist, siehst du, was dein Glaube bewirkt hat." Mit nur neun Worten bringt es Maxim Gorki wunderbar auf den Punkt. Ohne Glaube, oder mit Zweifeln, ist es schwer, wirklich große Ziele zu erreichen. Ja, es ist sogar unmöglich. Doch, wie bei vielen Weisheiten stellt sich auch hier die Frage: „Wie? Was soll ich tun, damit mein Glaube an die Erreichbarkeit wirklich stark genug wird?"

Dazu ein paar Ideen, die mir selber halfen: „Was muss ich glauben können, um sicher zu sein, mein Ziel zu erreichen? Wer und was könnte mir dabei helfen? Wenn es etwas gäbe, das den Erfolg noch gefährden könnte, was wäre das? Wie und womit kann ich genau dieses Problem lösen? Was brauche ich sonst noch, damit dies sicher gelingt?"

Ich wünsche dir die richtigen Fragen und den Erfolg, den du tief in dir ersehnst. Herzlich Franz X.

Morgen, morgen, nur nicht heute...

„...sagen alle faulen Leute." Stimmt das wirklich? Mag sein, dass es auf einige zutrifft. Für die anderen will ich jedoch eine Lanze brechen, denn die Aufschieberitis vermittelt uns noch ganz andere Gefühle. Solche, die unser Unbewusstes weit über das gewissenhafte Erledigen von Aufgaben stellt. Wenn du Dinge aufschiebst, heißt das unbewusst auch: „Ich habe noch viel zu tun. Ich werde gebraucht. Ich bin wichtig!"

Dieser Umstand kitzelt dann liebevoll dein Selbstwertgefühl. Wir alle wollen wertvoll sein, gebraucht werden, Aufgaben haben. Und so kommt es, dass das Aufschieben zwar belastet, doch gleichzeitig den viel gewichtigeren Teil, das Selbstwertgefühl, mit Energie versorgt. Paradox, aber wahr! Wie du aus diesem Kreis ausbrechen kannst? Stärke dein Selbstwertgefühl! Schreibe auf eine Karte, „Ich bin wertvoll. Ich liebe und akzeptiere mich" und sage es, wenn möglich laut, 500-mal täglich, während 30 Tagen, vor dich hin. Ob das was bringt? Tue es und beobachte …

Du bist wertvoll, du bist es wert!

Denke daran, auch die höchsten Berge sind bezwingbar -
Schritt für Schritt...

Denke daran, auch die höchsten Berge sind bezwingbar.
Vielleicht erklimmst du sie direkt. Vielleicht führt dich dein Weg in
einer sanft steigenden Schlangenlinie nach oben. So oder so:
„Halte durch und deine Aussichten werden prächtig sein."

X.

Wo Berge sich erheben

Probleme sind Möglichkeiten, zu zeigen, was du kannst

(Duke Ellington)

Ich kann mir vorstellen, dass es Menschen gibt, die sich derart in einer Sackgasse wähnen, dass sie selbst solche Worte eher belastend als aufbauend empfinden. Darum bitte ich dich: „Führe folgenden „ZWT", den Zuversichts-Wachstums-Test, durch und beobachte deine Gefühle." Als Erstes denke an dein Problem. Dann schließe die Augen und stelle dir vor, du wärst ein neutraler Beobachter dieser Situation(en). Mit diesem Bild gehst du nun folgende Sätze durch:

1. „Probleme sind Möglichkeiten, zu zeigen was ich kann." Was kann ich hier lernen und aufzeigen?

2. „Ich kann keine Probleme haben, für die ich nicht schon die Lösung in mir trage." Was kann ich heute tun, um dieses Problem zu lösen? Wer könnte mir dabei helfen?

3. „In jedem Problem, sagt man, ist bereits die Lösung verborgen." Welche Lösungsansätze kann ich bereits erkennen?

4. „Probleme sind Chancen." Welche Chancen eröffnen sich mir, wenn ich dieses Thema löse?

Ich garantiere dir: „Meine größten Probleme waren meine größten Förderer und Entwicklungshelfer!"

Verbringe nicht die Zeit mit der Suche nach einem Hindernis ...

(Franz Kafka)

„...vielleicht ist keines da!" Kennst auch du Menschen, die immer nach einem Haken suchen? Keine Idee einfach mal durchdenken können, ohne dabei bereits nach Problemen zu suchen? Toll, denn sie behindern damit aktiv das Sprießen erfolgreicher Ideen! Ich meine nicht, dass dies prinzipiell schlecht ist. Nein, es ist sogar gut! Negativdenker sind nicht nur Bremsen. Sie sind auch Beschützer!
Ändere nur Reihenfolge und Fragestellung und schon kann die Kritiker-Mentalität ein Segen sein.

1. Als Erstes sollst du träumen und deiner Fantasie grenzenlos freien Lauf lassen. Träume!
2. Danach kannst du den Kritiker zuziehen und ihn nach möglichen Problemen suchen lassen.
3. Wenn du soweit bist, holst du dir einen Realisten an den Tisch, der die beiden Parteien verständnisvoll zusammenführt, bis dein Projekt rund ist.

Hätte ich dieses einfache Konzept zu einem früheren Zeitpunkt gekannt, wäre damit ein sechsstelliges Minus zu vermeiden gewesen!

Wo Probleme alt werden, ist nicht selten die Initiative jung gestorben

(Horst Friedrich)

Da ist was dran, denn: „Welche Dinge schiebst du immer und immer wieder vor dir her?" Richtig. Meist sind es die Unangenehmen oder du fühlst dich nicht in der Lage, sie mit deinem Wissen und Können zu lösen und siehst keinen Weg. Das ist zwar menschlich, doch hilft dir diese Feststellung auch nicht weiter. Es gibt keinen anderen Weg, als es endlich anzupacken. Tue es und du wirst sehen, du fühlst dich danach viel besser. Und wenn du dich nicht alleine in der Lage fühlst, das Thema zu bewältigen, frage andere um Hilfe.

• Mit welchen alten Herausforderungen siehst du dich konfrontiert?
• Was schiebst du motivationslos vor dir her?
• Was kostet dich täglich Energie, weil du es noch nicht gelöst hast?

In diesem Sinne alles Gute und … „Sorry, ich muss weg. Habe da was bei mir entdeckt, das genau in dieses Kapitel passt … ☺"

Suche nicht Fehler, suche Lösungen

(Henry Ford)

Denn wenn du Fehler suchst, richtest du deine Aufmerksamkeit auf das Falsche. Auch Thomas Alva Edison soll 1000 Versuche gebraucht haben, bis er die Glühbirne erfunden hatte. Darauf angesprochen, ob dies nicht deprimierend sei, meinte er: „Nein, im Gegenteil. Ich kenne 999 Arten, wie man keine Glühbirne baut!"

Edison hat mit Sicherheit nicht nach Fehlern gesucht, sondern aus jedem weiteren Versuch Erkenntnisse gewonnen, wie es noch besser funktionieren könnte. Er hat daraus gelernt und sich weiter entwickelt nach dem Motto: „Was ist hier richtig und was kann ich davon gebrauchen?"

Lösungen zu suchen anstelle von Fehlern hat noch einen weiteren, sehr positiven Aspekt. Es motiviert! Wenn du in Lösungen denkst, kommst du schneller voran und siehst vor deinem geistigen Auge, wie es sein wird. Du pflegst auf diese Weise Erfolgsbilder anstelle von Problembildern.

Folgende Frageform hat mich immer sehr positiv unterstützt. Sie lautet: „Was müsste ich glauben können – und wie müsste es sein, damit ich mein Ziel XYZ erreiche? Was kann ich heute tun, um zum Ziel XYZ zu gelangen?"

Der Glaube versetzt Berge

(Die Bibel, 1. Kor 13,2)

Als ich als kleiner Junge zum ersten Mal diesen Spruch hörte, war ich tief beeindruckt. Ich glaubte tatsächlich, damit reelle Berge versetzen zu können, was leider gründlich misslang. Bald jedoch wurde mir klar, dass mit den Bergen nicht zwingend unsere Alpen gemeint sind. ☺

Es sind die mentalen Berge, wenn wir vor scheinbar unlösbaren Aufgaben stehen. Es kann der beeindruckende Berg sein, wenn du große Visionen, Träume, Wünsche und Ziele hast. Momente, in denen dich vor lauter Übermut der Mut verlässt. Wirklich glauben heißt, es existieren keine Zweifel, nicht die geringsten! Folgende zwei Fragen helfen dir auf deinen „Bergtouren":

1. Was muss ich glauben können, um absolut sicher zu sein, dass ich XYZ …… kann?

2. Und, falls ich „es" nicht schaffe, kann ich glauben, dass es auf der Erde Menschen gibt, die dies beherrschen, mir dabei helfen können?

Wie du deinen persönlichen Glauben an die Machbarkeit und Zielerreichbarkeit mit einem einfachen und genialen Trick enorm verstärkst, erfährst du im Kapitel „Wie esse ich einen Elefanten?"

Wie esse ich einen Elefanten?

Das Rezept ist so einfach, dass es schon wieder unglaubhaft wirkt: „Zerschneide ihn in mundgerechte Stücke – und dann iss – Stück für Stück." Der Elefant steht hier für deine großen Herausforderungen, Visionen, Wünsche, Träume und Ziele. Aus der einfachen Idee, große Dinge in kleine Einzelteile zu zerlegen, wuchs ein Leitsatz mit größter Wirkungskraft!

Er lautet: „Dein Glaube an die Machbarkeit wächst umgekehrt proportional zur Größe deiner Einzelziele!" Anders gesagt: „Je kleiner du deine Einzelziele, die Einzelschritte, die Einzelaufgaben machst, desto einfacher ist es, fest und ohne Zweifel an deren Machbarkeit und Erreichbarkeit zu glauben!" Ein Beispiel: „Kannst du glauben, dass du eine Telefonnummer wählen und jemanden anrufen kannst? Kannst du glauben, dass du dies auch mehrmals tun kannst? Kannst du glauben, dass du dabei aus allen vorherigen Gesprächen für die weiteren lernen und dich verbessern kannst?" Super! Dann verfügst du bereits über den Grundglauben, den weltgrößten Telefonmarketing-Anbieter aufzubauen! Denke darüber nach und dann „zerschneide" dein großes Ziel in mundgerechte Stücke!

Sind Nachdenken und weises Erkennen auch eine deiner Stärken,
oder zählst du andere Fähigkeiten zu deinen Schätzen?
Beides ist o. k. Jeder Mensch soll das tun, was ihm am besten liegt.
Ich wünsche dir viele Ahas und Lichtblicke beim Lesen und
Verstehen der Weisheiten großer Denker.

XI.

Weisheiten großer Denker - verstehen und umsetzen

Liebst du das Leben?

„Dann vergeude keine Zeit, denn daraus besteht das Leben!" (Benjamin Franklin) Ja, aber …? Was heißt denn hier, „vergeude keine Zeit"? Das ist doch Stress pur! Immer nur Dinge bewegen und arbeiten? Dauernd am Ball bleiben, jeden noch so kleinen Moment verplanen, um ja die Zeit optimal zu nutzen?

Ich bin mir sicher, Benjamin Franklin meinte was ganz anderes, denn Stress und Hektik sind genauso Zeitverschwendung. Was hältst du von der Idee, dass damit nicht die Aktivität, sondern die Qualität gemeint ist, mit der du deine Zeit nutzt? Fragen, die dich weiterbringen, könnten lauten:

„Mit welcher emotionalen Qualität lebe ich meinen Job, wie meine Freizeit, mein Hobby, meine Partnerschaft, meine Wünsche, Träume und Visionen?" Du möchtest ganz einfach einmal nichts tun? Super, dann lebe und genieße bewusst diese Ruhe! Du willst mit Kindern spielen? Toll, dann tue dies voller Neugier und Freude und genieße es! Du arbeitest an einem großen Projekt und die Termine drängen? Super, dann entdecke selbst in diesen Aktivitäten das Besondere und liebe es! Erfülle deine Momente mit Qualität. Liebe dein Leben, damit es dich liebt.

Ich habe keine besondere Begabung…

(Albert Einstein)

„… sondern bin nur leidenschaftlich neugierig!" Hättest du einer Kapazität wie Albert Einstein eine solche Aussage zugetraut? Ich nicht! Mein Bild war immer das des überintelligenten Genies, welches eine ausgesprochene Balance zwischen Ratio und Emotion besitzt. So kann man sich täuschen…

Ja, ich finde dieses Zitat schlicht genial und es bestärkt und beflügelt mich noch mehr in meinen Projekten. Warum? Weil ich bisher der Überzeugung war, dass wirklich Großes auch entsprechende Veranlagungen bedingt.

Wenn dem nicht so ist, heißt dies ganz einfach: „In jedem Menschen steckt ein Einstein. Auch in dir. Entdecke „deinen Albert" und paare ihn mit leidenschaftlicher Neugier!"

Und leidenschaftliche Neugier ist etwas, das du mit Sicherheit bereits kennst. Seine „Geschwister" sind nämlich Motivation, Begeisterung und das, was dich heranwachsen und gedeihen ließ, deine kindliche Neugier!

Du hast bereits alles in dir! Einziger Nachteil: „Ab jetzt ist es definitiv vorbei mit den Ausreden, dass dir bestimmte Gaben fehlen, erfolgreich zu sein!"

Mehr als die Vergangenheit...

„... interessiert mich die Zukunft, denn in ihr gedenke ich zu leben!" (Albert Einstein) So soll es auch sein. Mit dem Grübeln in der Vergangenheit richtest du deine Aufmerksamkeit nur auf die Ereignisse, die du vielleicht nicht mehr in dieser Form haben möchtest – und ziehst sie damit hinein in deine Gegenwart. Was nicht heißen soll, dass der Blick in die Vergangenheit schlecht ist.

Du bist heute deine Vergangenheit. Was du in ihr gedacht und getan hast, führte dich ins Hier und Jetzt. Gibt es Dinge, die du in Zukunft anders haben möchtest, musst du dir heute vorstellen, wie du es morgen haben willst. Deine heutigen Gedanken prägen dein Morgen.

Doch auch Folgendes ist nicht ratsam. Bewusst wegzuschauen, dem Vergangenen die Aufmerksamkeit zu entziehen und stur nur nach vorne zu sehen! Ja, es hat sogar einen Namen: „Du kennst es als Verdrängen." Du kannst dir selber nicht entkommen! Auf den Punkt gebracht bedeutet es: „Lerne aus der Vergangenheit, bereinige bremsende Erfahrungen, plane deine Zukunft, lebe heute!"

Die besten Dinge im Leben sind nicht die,

(Albert Einstein) **die man für Geld bekommt**

Wir kennen in der Mental-Trainerschule eine Übung, bei der wir uns in ruhiger Atmosphäre ernsthaft Gedanken machen, was wir tun würden, wenn … Das Szenario sieht folgendermaßen aus.

„Stell' dir vor, es kommt ein Engel zu dir und meint:

• Du hast noch ein Jahr zu leben bei bester Gesundheit, aber dann ist Check-out. Was tust du in diesem letzten, verbleibenden Jahr? Was möchtest du noch erledigen?

• Du hast noch einen Monat zu leben, auch bei bester Gesundheit, aber dann ist leider Schluss. Was tust du in diesem einen Monat? Was willst du unbedingt noch tun?

• Du hast noch einen Tag zu leben …

• Und dann kommt der Engel wieder und teilt dir mit, dass alles ein Irrtum war und dein Ende noch gar nicht vorbestimmt ist. Was tust du ab jetzt vielleicht anders?"

Eines kann ich dir aus über zehn Jahren Erfahrung berichten: „Am Ende der Übung stand noch nie etwas auf den Blättern, das auch nur einen einzigen Cent gekostet hätte! Gönne dir diese Übung."

Wenn du etwas willst, das du noch nie hattest,…

„…dann tue Dinge, die du noch nie getan hast." (Albert Einstein) Eigentlich ganz logisch. Doch selbst ich habe mich mehrmals dabei ertappt, dass ich in gewissen Bereichen dachte: „Dieses Mal ist es was ganz anderes. Jetzt sollte es doch klappen mit der XYZ-Strategie oder -Technik." Und wieder ging es daneben. Mir hat dieser Satz echt weitergeholfen, in bestimmten Situationen und Projekten offener und weitsichtiger zu handeln und konstanter auf der Erfolgsschiene zu fahren. Danke Albert! Ich ging hin und fragte mich:

• Welche Dinge haben bestens funktioniert und sich bewährt? Beibehalten!
• Was hat nicht funktioniert? Wie könnte ich es auch noch anpacken? Was kann ich anders tun, damit die Chancen auf Erfolg wachsen? Ändern!

Gibt es Dinge, die du noch nie hattest? Was hast du bislang noch nie getan, um dein Ziel zu erreichen? Wer hat das, was du möchtest, auch schon erreicht und was kannst du von diesen Menschen lernen?

Einen Ruf erwirbt man sich nicht mit Dingen, die man erst tun wird

(Henry Ford)

Gerade in diesem Buch finden sich viele machbaren und einleuchtenden Ideen und Anregungen. Wenn du sie dir jedoch nur vornimmst und nichts tust, dann bleibt alles beim Alten. Höre dich um. Es ist faszinierend, wie oft nur über Pläne geredet und nie gehandelt wird. Wenn alles getan würde, das sich die Menschen vornehmen, wäre unsere Welt eine komplett andere. Wetten dass?

Henry Ford ist das beste Beispiel dafür. Man sagt, dass er zu einer Zeit, als dies völlig unmöglich erschien, eine Gruppe von Entwicklern und Technikern in eine Halle sperrte und ihnen den Auftrag gab, einen Zwölf-Zylinder-Motor zu bauen. Sie protestierten und meinten, dies sei unmöglich. Doch er blieb bei der Order: „Baut mir einen solchen Motor!" Nach einem Jahr soll er wieder vorbeigeschaut haben und fand die Männer ratlos. Sie hatten es noch nicht geschafft. Seine Worte waren einmal mehr: „Baut mir einen solchen Motor!"

Der langen Rede kurzer Sinn: „Sie schafften es doch und dieser Motor prägte die Erfolgsgeschichte der Firma Ford." Rede nicht, handle! Viel Erfolg wünscht dir Franz X.

Fantasie ist wichtiger als Wissen, denn Wissen ist begrenzt

(Albert Einstein)

Leider scheint dieses Zitat noch nicht bis zu den Schulungsbeauftragten vorgedrungen zu sein, sonst würden sie wohl kaum die manuellen und kreativen Fächer zu Gunsten der Wissensfächer reduzieren. Doch ist es müßig, darüber zu debattieren.

Was meinst du dazu:

• Fantasie kennt keine Grenzen, außer denen, die du ihr gibst.

• Fantasie ist der Nährboden jeder Erfindung und Entwicklung.

• Fantasie ist der Draht der Kinder zur Schöpfung.

• Fantasie ist der Motor menschlicher Entwicklung.

• Fantasie heißt nicht, sich etwas auszudenken, sondern aus den Dingen etwas zu machen.

Gehe du einen anderen Weg. Fördere die Fantasie deiner Kinder, Patenkinder, in deinem Umfeld und vor allem, lebe deine eigene Fantasie! Tagträume, reise in Gedanken an die unmöglichsten Orte, gestalte dir deine Traumwelt. Ich glaube fest daran, dass in wenigen Jahren die Fantasie eine der bestbezahlten Fähigkeiten der Welt sein wird!

Wer einen Fehler begeht und ihn nicht korrigiert, begeht einen zweiten

(Konfuzius)

Einer meiner Chefs meinte vor Jahren: „Es ist egal, wie viele Fehler du machst. Doch mache niemals denselben zweimal!" Wie recht er damit hatte. Einen Fehler, oder positiv ausgedrückt, ein und dasselbe Resultat zweimal zu produzieren, heißt: „Du hast nichts aus dem ersten gelernt!" Fehler sind da, um daraus zu lernen, dich zu verbessern. Sie sind deine Entwicklungshelfer. Heiße sie willkommen und verändere deine Strategie.

Folgendes „Drei-Fragen-Ritual" hilft dir dabei weiter:
1. Was ist dir in deinem Leben schon misslungen, was kannst du daraus lernen?
2. Was hättest du, aus heutiger Sicht betrachtet, anders machen müssen, damit das gewünschte Resultat eingetroffen wäre?
3. Welche sofortigen und künftigen Aktivitäten folgen aus obigen Erkenntnissen?

Kennst du den Satz: „Wer arbeitet macht Fehler, wer viel arbeitet macht viele Fehler. Wer keine Fehler macht, …… ."
Du darfst und sollst Fehler machen, doch lerne daraus!

Anker sind dazu geschaffen, etwas festzuhalten und für uns erreichbar zu machen. Ergreife sie und lass dich überraschen, wie einfach es im Grunde genommen ist, Ruhe, Frieden und Reichtum als Grundzustand auf Erden zu bewirken.

XII.

Die fünf Rettungsanker der Menschheit

Der Rettungsanker – Liebe

Liebe ist ein großes, ja ein sehr großes Wort. Doch, was denkst du, wo fängt sie an? Richtig! Bei jedem einzelnen Menschen, bei dir und mir! Wie sollen andere dich gern bekommen, wenn du dich selbst nicht bedingungslos lieben kannst? Ach du meinst, du liebst dich doch schon? Sicher? Ganz sicher? Dann ist die folgende Aufgabe für dich ja mit Leichtigkeit zu bewältigen.

Finde jeweils mindestens 10 Dinge! Das gefällt mir besonders gut, das liebe ich an: „Meinen Zehen, Füssen, Waden, Knien, Oberschenkeln, Geschlechtsteilen, Hüften, Bauch, Po, Oberkörper, Brust, Hals, Gesicht, Haar und Kopfhaut, Ohren, Armen, Händen und Fingern…" Und das liebe ich an: „Meinem Leben, meinem Job, meinem Hobby, meinen Fähigkeiten."
Ganz schön gemein, für alles 10 Dinge zu finden. Ja, die Übung hatte auch mich echt gefordert. Doch die Wirkung ist genial, das kann ich dir versprechen. Sie führt zu wirklicher Selbstliebe. Ein starkes Gefühl, das du ausstrahlst! Beginne bei dir. Gestalte deine Welt liebevoll und voller Liebe. Interessant ist: „Beobachte, wie dein Umfeld neu auf dich reagiert!" Ich liebe!

Der Rettungsanker – Vertrauen

Und wie steht es mit deinem Vertrauen in dich und deine Fähigkeiten, das ganze Leben? Vertraust du dir, immer und in jeder Situation? Eine schwierige Frage? Du kannst dein Urvertrauen ins Leben auch daran erkennen, wie du anderen vertraust! Kennst du Eifersucht? Vertraust du anderen in jeder Situation? Wie steht es mit dem Vertrauen in deinen Job, in die Menschen deines Umfeldes? Empfindest du auch Vertrauen zu Menschen, die dich enttäuscht haben?

Folgende Übung kann dein Vertrauen enorm stärken. Schreibe alles auf, was dir zu den Sätzen einfällt und lese sie jeden Abend durch: „Das kann ich, diese Fähigkeiten habe ich. In diesen Dingen bin ich besonders stark. Das sagen andere über mich, das finden andere an mir positiv. Das macht mich so vertrauenswürdig, für mich und andere. Darauf können sich andere bei mir voll und ganz verlassen. In meiner Jugend war ich besonders stark und gut in … Hobbies, das kann ich besonders gut. Darauf bin ich stolz."

Du wirst entdecken, dass das Aufschreiben dieser Dinge dein Selbstvertrauen von Mal zu Mal stärkt. Ja, ich vertraue dir. Und du?

Rettungsanker

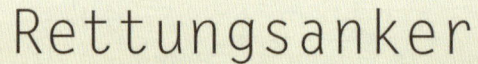

Der Rettungsanker – Wert

Stimmt, sich selber wertvoll zu fühlen kann manchmal echt schwierig sein. Doch, wie bitte sollen die Reichtümer des Lebens zu dir kommen, wenn du dich wertlos fühlst? Wie soll es auf Erden weitergehen, wenn die Menschen für sich, ihr Leben, die Pflanzen und Tiere der Schöpfung wenig Wert empfinden?

Hier ist eine wirksame Übung (ups, schon wieder...?) zur Stärkung deines Selbstwertes. Auch wenn sie aufwändig scheint, tue es! Erstelle bitte eine Liste zu folgenden Aussagen:

„Diese Fähigkeiten habe ich oder fühle, dass sie in mir sind. Dieses Wissen und Können macht mich ganz besonders wertvoll. Folgende meiner Persönlichkeitszüge und Tugenden sind speziell wertvoll. An meiner Arbeit und in meiner Umgebung schätze ich ganz besonders... Diese Menschen schätze ich und empfinde es als sehr wertvoll, dass es sie gibt. Meine inneren Werte – Werte, die vielleicht noch lange nicht alle anderen entdeckt haben."

Der tiefe Wert all' dieser Rettungsankerübungen ist oft erst auf den zweiten Blick erkennbar. Gerade deshalb: „Gönne sie dir. Investiere die nächsten 30 Tage täglich 20 Minuten in dich. Weil du es dir wert bist!"

Der Rettungsanker – Akzeptanz

Und wenn deine Selbstliebe, das Selbstvertrauen und der Selbstwert noch nicht so stark sind, wie du möchtest, dann lasse los und akzeptiere! Wenn es schmerzliche Erlebnisse gibt in deinem Leben, akzeptiere sie. Nimm sie an, als Erfahrungen, die dich weiterbringen! Ja: „Akzeptiere sie und dein erster Schritt zum Loslassen ist vollbracht!"

Du ahnst es schon? Richtig, auch hierzu gibt es eine Übung. Erstelle wieder eine Liste. Dieses Mal schreibst du jedoch hinter jede Eintragung, selbst wenn es dir noch so schwerfällt, die Worte: „Ja, ich verzeihe, akzeptiere und lasse los." Bitte, bitte überwinde dich und tue es, o. k.? „An mir fand ich bisher folgende Dinge nicht so toll. Diese Erlebnisse haben mich geschmerzt. Diese Menschen haben in mir ein Gefühl von Schmerzen ausgelöst. In folgenden Situationen fühle und fühlte ich mich schlecht. Diese meiner Persönlichkeitszüge empfinde ich als belastend."

Akzeptiere, der Mensch zu sein, der du bist. Da im Leben zu stehen, wo du gerade stehst und freue dich auf deinen weiteren Weg!

Der Rettungsanker – Hoffnung

Wenn alle Seile zu reißen drohen, deine Selbstliebe unter die Räder gekommen, das Selbstvertrauen angeschlagen, dein Selbstwert im Keller und die Selbstakzeptanz den Verstand überstrapaziert, dann ist der wichtigste, verbleibende Rettungsanker „die Hoffnung". Lasse sie nie sterben. Erhalte sie am Leben. Sie ist die zarte Flamme deiner letzten, brennenden Kerze!

Auch wenn dein Prinz noch nicht gekommen ist, der dich wachküssen soll: „Hoffe weiter und stelle dir vor, es geschieht jetzt!" Und wenn die Situation noch so ausweglos erscheint: „Hoffe weiter, Menschen zu finden, die genau ein solches Problem schon erfolgreich gelöst haben. Bitte sie um Hilfe und lass dir helfen!" Selbst wenn dir alle beipflichten, dass du dir dieses und jenes nicht gefallen lassen sollst: „Akzeptiere liebevoll, verzeihe und nähre deine Hoffnung auf das Eintreffen der richtigen Lösung!"

Was brauchst du, um weiter die Kraft der Hoffnung in dir zu spüren? Was müsste geschehen, damit du wieder hoffen kannst? Was, glaubst du, könnte deine Hoffnung auf das ersehnte Resultat stärken?

„Ich hoffe von ganzem Herzen, dass deine Kerze der Hoffnung alle anderen wieder entflammt!"

Für Business u. Privat

UNSERE BESTSELLER
Erkenntnisse - Ideen - Rezepte

FRANZ X. BÜHLER

Als Mental-Trainer versteht er es mit einfachen Worten sehr komplexe Dinge und Zusammenhänge so zu vermitteln, dass die Menschen sie begreifen und die Erklärungen ein zartes Leuchten des Verstehens in ihre Augen zaubern.

VOM KOPF INS HERZ
Der Bestseller in 5 Sprachen

Wir kennen sie, die weisen und tiefgründigen Zitate großer Dichter und Philosophen, die Volksweisheiten. Bleibt oft nur die Frage: Wie umsetzen?

Das Buch beschreibt und erklärt in lockerer, leichter und spannender Art deren tiefere Bedeutung.

ISBN 978-3-941633-10-0 (Deutsch)

Auch als Ebook und als Hörbuch erhältlich!

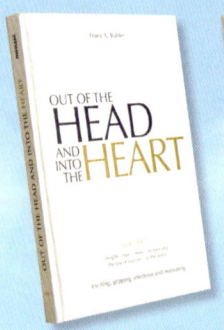

ENGLISCH
ISBN 978-3-941633-12-4

ITALIENISCH
ISBN 978-3-941633-13-1

FRANZÖSISCH
ISBN 978-3-941633-20-9

NIEDERLÄNDISCH
ISBN 978-3-941633-19-3

MEHR... VOM KOPF INS HERZ
Die Fortsetzung des Erfolgs-Buchs

Weitere 116 Tipps, Ideen und Rezepte
auf den Punkt gebracht,
zum Entdecken der inneren und
äußeren Reichtümer unseres
Lebens.

ISBN 978-3-941633-11-7

Highlight

DAS DOPPELBUCH: Zwei Bestseller in einem

Ein Buch mit zwei Büchern in einem Einband - ein ausgefallenes
Geschenk für Menschen, die sich auf der Reise durchs Leben befinden

Wenden und Weiterlesen

HEUTE, HIER, JETZT -
Ein Reiseführer durchs Leben

Lesen ist eine Reise. Wir machen uns auf den Weg,
entdecken viel Schönes und danach fühlen wir uns reicher,
erfüllt und inspiriert für das eigene Leben.

Wir öffnen den Blick für unser Wohlbefinden, für Körper,
Geist und Seele.

Wir erhöhen die Aufmerksamkeit und Wertschätzung
für unser Zusammenleben, unseren Lebensraum,
für Natur und Kultur.

Nehmen wir uns die Zeit, die wir brauchen,
erkennen wir das Wesentliche für uns alle!

ISBN 978-3-941633-24-7
Auch als Ebook erhältlich!

KATHARINA THOR

Sie liebt das Nachdenken, das Lesen
und Schreiben, das Lachen, das Tan-
zen und die Natur. Der Mensch und
sein Platz im Leben, das Leben auf
dem Land und nicht zuletzt ihre kleine Familie sind ihre Leidenschaften.

Für Business u. Privat

UNSERE BESTSELLER
Erkenntnisse - Ideen - Rezepte

GLÜCKLICH SEIN VERLEIHT FLÜGEL
So geht es besser mit Dir und den anderen.

Überprüfen Sie Ihre Gewohnheiten und Denkmuster mit 50 wertvollen Profi-Tipps. Mit kleinen Schritten erreichen Sie spürbare Veränderungen und werden innerlich zufriedener, motivierter und glücklicher.

Erleben Sie mehr Freude im Umgang mit sich und den anderen.

ISBN 978-3-941633-47-6

Auch als Ebook erhältlich!

KLEINE SCHRITTE GROSSE VERÄNDERUNG
So geht es besser mit Dir und den anderen

Überprüfen Sie Ihre Gewohnheiten und Denkmuster mit 50 wertvollen Profi-Tipps. Mit kleinen Schritten erreichen Sie spürbare Veränderungen und werden innerlich zufriedener, motivierter und glücklicher.

Erleben Sie mehr Freude im Umgang mit sich und den anderen.

ISBN 978-3-941633-48-3

KNIPS DEIN LICHT AN
Mit Lebendigkeit und Leichtigkeit durchs Leben

Mit über 50 wertvollen, leicht umsetzbaren Profi-Tipps ist dieses Buch wie eine Reise zu Ihren persönlichen Möglichkeiten.
Bringen Sie Licht und Lebenssinn in Ihr Leben. Spüren Sie wieder echte Lebensfreude und Begeisterung. Denn: Ein glückliches, erfülltes, erfolgreiches Leben ist Ihr Geburtsrecht!

ISBN 978-3-941633-49-0

GISELA RIEGER

Sie gibt Seminare, leitet Workshops und Trainings und hält Vorträge. dabei zeichnet sie sich durch eine Fülle an Themen aus: Von der Persönlichkeitsentwicklung bis hin zur Zielsetzung beschäftigt sie sich mit der Vielfalt menschlichen Daseins.

Zauberhafte Momente+ Magico del Momento
Geschichten, die das Leben schreibt

Lassen Sie sich verzaubern von der erlesenen Auswahl unterhaltsamer, feinfühliger Erzählungen und Herzensweisheiten. Einige Geschichten sind direkt aus dem Leben gegriffen, andere gehen zurück auf alte überlieferte Weisheiten. Allen gemeinsam sind die darin verborgenen Botschaften, die zum Nachdenken anregen, berühren, inspirieren und zugleich das Herz erfreuen.

ISBN 978-3-941633-55-1 (D) **Auch als Ebook erhältlich!**
ISBN 978-3-941633-65-0 (IT)

MANAGER DES ERFOLGS
Gesetze des Erfolgs und Lebensglücks

Volle Kraft voraus!

Sich einen kühlen Kopf, sein Herzklopfen, sein Lachen und sein Staunen bewahren. Sich nicht unterkriegen lassen. Reich fühlen, gelassen in seiner Mitte ruhen, seinen Weg gehen und den eigenen Ausdruck finden.

Anteil nehmen an der umgebenden Vielfalt, der ungeheuren Tiefe, der großen Schönheit des Lebens! Gut zu sich sein!

ISBN 978-3-941633-50-6

Auch als Ebook erhältlich!

www.menani.com

onesome

Deine ganz persönliche Entdeckungsreise.

Gehe dein nächstes Abenteuer an und lerne dich durch digitales Coaching selbst besser kennen. Entdecke dein inneres Selbst mit all den Stärken und Potenzialen und finde heraus, wohin du wirklich möchtest.

Alles für deine persönliche und berufliche Weiterentwicklung - in einer App.

- Nachhaltige Persönlichkeitsentwicklung
- Situative Problemlösung
- 100% digital, ohne physischen Coach
- Flexibel: Zeit- und ortsunabhängig
- Auf Basis von über 30.000 Coaching-Sessions

Für dich und dein Unternehmen.

Setze onesome auch in deinem Unternehmen ein und ermögliche allen Mitarbeitenden digitales Coaching.
Durch den unternehmensweiten Einsatz stärkst du dein Unternehmen von innen und entfachst ungenutzte Potenziale.

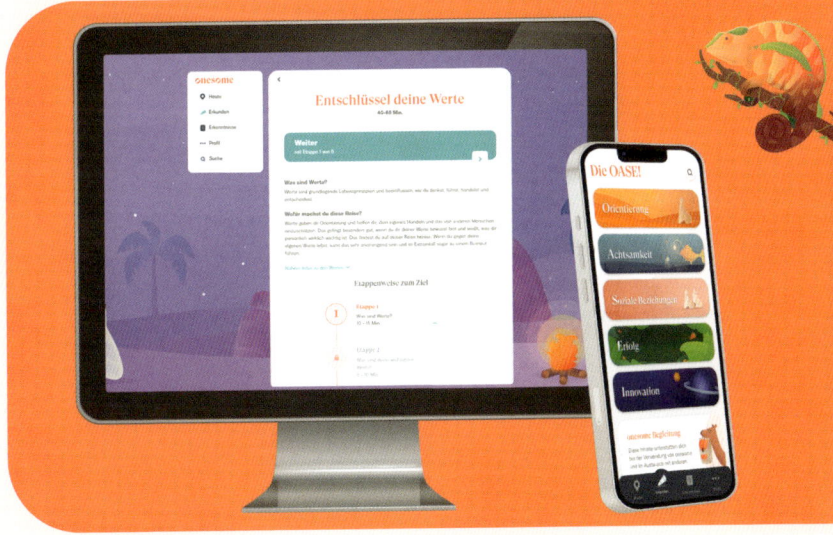

www.onesome.de/start/

Minibücher Hardcover

UNSERE MINIBÜCHER
Zitate, Weisheiten, Anregungen

BEGEISTERUNG
Zitate, Weisheiten, Anregungen

Begeisterung ist eine der höchstbezahlten Eigenschaften der Welt.

ISBN 978-3-941633-09-4

DANKE
Zitate, Weisheiten, Anregungen

Danke - das Leben ist ein wertvoller Schatz in einer unendlichen Schatzkammer. Ein Schlüssel dazu ist die Dankbarkeit.

ISBN 978-3-941633-01-8

EINFACH SO
Zitate, Weisheiten, Anregungen

Einfach so möchte ich Dir sagen: „Es ist schön, dass es Dich gibt."

ISBN 978-3-941633-03-2

ERFOLG
Zitate, Weisheiten, Anregungen

Je schwerer es uns fällt, umso glücklicher macht es es, wenn man es geschafft hat.

ISBN 978-3-941633-07-0

GEDANKEN
zur Lebensfreude

Erst durch Nachdenken zeigt sich mancher Sinn, erschließt sich ein Weg – zeigt sich Gewinn.

ISBN 978-3-941633-31-5

GLÜCKLICH
Gedanken zur Lebensfreude

Das Leben ist ein wertvoller Schatz in der unendlichen Schatzkammer. Ein Schlüssel dazu ist die Dankbarkeit

ISBN 978-3-941633-33-9

GOLF IST MEHR...
Zitate, Weisheiten, Anregungen

Golf und Sex sind wahrscheinlich die einzigen Dinge, die Spaß machen, selbst wenn man nicht wahnsinnig gut darin ist.

ISBN 978-3-941633-06-3

MEHR... GLANZLICHTER
Best of: Mehr... Vom Kopf ins Herz

„Mehr... Glanzlichter" beinhaltet noch mehr spannende und inspirierende Tipps für den Leser.

ISBN 978-3-941633-43-8

WUNSCHPERLEN
Gedanken zur Lebensfreude

Diese vielen guten Wünsche sind für Dich und kommen von Herzen.

ISBN 978-3-941633-34-6

INSPIRATIONEN
Gedanken zur Lebensfreude

Es geht nicht alles gerade im Leben, aber dies verschafft uns manch anderen Blickwinkel.

ISBN 978-3-941633-32-2

KOPF HOCH - DU SCHAFFST ES!
Zitate, Weisheiten, Anregungen

Auf jeden Fall schenkt dir dieses Büchlein jemand, dem es nicht egal ist, wie es dir geht...
Glaub an dich! Du schaffst es!

ISBN 978-3-941633-36-0

LIEBE
Zitate, Weisheiten, Anregungen

Ein Rezept für Frieden auf der Welt – Liebe deinen Nächsten wie dich selbst.

ISBN 978-3-941633-17-9

Minibücher Softcover

UNSERE MINIBÜCHER
Zitate, Weisheiten, Anregungen

ALL DAS WÜNSCH ICH DIR
Zitate, Weisheiten, Anregungen

Diese Wünsche sollen Dein Leben bereichern und sei gewiss, sie kommen von Herzen.

Neues Format: 15 x 15 cm, Softcover
ISBN 978-3-941633-30-8

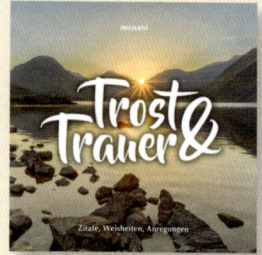

GESUNDHEIT
Zitate, Weisheiten, Anregungen

Die Gesundheit ist ein Geschenk. Hege und Pflege sie behutsam und liebevoll.

ISBN 978-3-941633-04-9

GLANZLICHTER
Zitate, Weisheiten, Anregungen

Glanzlichter ist ein Büchlein mit inspirierenden und motivierenden Gedanken.

ISBN 978-3-941633-38-4

TROST & TRAUER
Zitate, Weisheiten, Anregungen

Trauer zu zeigen und dazu zu stehen, das ist wahre Stärke!

ISBN 978-3-941633-05-6

Minis international

in bis zu fünf Sprachen erhältlich

Danke

THANK YOU (EN)
Quotations, Wisdom, Stimuli

Thank you – Life is a valuable treasure in an endless treasure chamber. The key to which is thankfulness.

ISBN 978-3-941633-18-6

GRAZIE (IT)
Citazioni, Saggezze, Spunti

Grazie - la vita è un tesoro prezioso in una sala del tesoro immensa. Una chiave per entrarvi è la gratitudine.

ISBN 978-3-941633-23-0

MERCI (FR)
Citations, Sagesses, Idées

Merci - est un trésor précieux dans un coffret inépuisable. Sa clé, la gratitude.

ISBN 978-3-941633-37-7

Glanzlichter

GIOIELLI (IT)
Best of Dalla mente al cuore

„Gioielli" è un libricino con pensieri d'ispirazione e di motivazione. Esso fa brillare gli occhi di ogni lettore.

ISBN 978-3-941633-40-7

LES PHARES (FR)
Best of De la tête au cœur

« Les phares » est un petit livre avec des pensées inspirantes et motivantes. Il flatte les yeux de chaque lecteur.

ISBN 978-3-941633-41-4

SCHITTERLICHTEN (NL)
Het beste uit Van het hoofd in het hart

„Schitterlichten" is een boekje met inspirerende en motiverende gedachtes. Het laat de ogen van iedere lezer schitteren.

ISBN 978-3-941633-42-1

News: Piccolo-Bücher

DANKE
Zitate, Weisheiten, Anregungen

Das Leben ist ein wertvoller
Schatz in einer unendlichen
Schatzkammer. Ein Schlüssel
dazu ist die Dankbarkeit.

Format 10 x 10 cm, Softcover
ISBN 978-3-941633-01-8

HERZLICH WILLKOMMEN
Zitate, Weisheiten, Anregungen

Welch schöneres Kompliment
kann es geben, als dich willkommen zu heißen in meinem Leben.

Format 10 x 10 cm, Softcover
ISBN 978-3-941633-00-1

Special

Kommunikationsbuch:
Kommunikation ist unser Leben

Wir tauschen Wissen, Meinungen und Gefühle
aus und versuchen zuverstehen, was der andere
denkt und fühlt. Ob im Beruf oder im alltäglichen
Leben: Wir befinden uns ständig in Kommunikation mit anderen Menschen. Wir erleben jeden Tag,
wie sichtig es ist, mit unserem Partner richtig zu
kommunizieren, um eine harmonische Beziehung
führen zu können. Im Beruf wollen wir ein gutes
Miteinander mit unseren Kollegen und Mitarbeitern
führen, an einem Strang ziehen, um erfolgreich
sein zu können.

Willst auch du lernen, wie du besser mit deinen
Mitmnschen kommunizierst, Missverständnisse,
Streit und Diskussionen ganz einfach aus der
Welt schaffen kannst und damit Harmonie und
Lebensqualität gewinnst?

www.menani.com